西光万吉

西光万吉

・人と思想

師岡 佑行 著

110

CenturyBooks 清水書院

はじめに

「人の世に熱あれ、人間に光あれ」。

一九二二年三月三日、差別に苦しみ、憤りをおさえてきた部落の人々は自主的な解放をもとめて全国水平社を結成した。西光万吉は水平社創立につとめるとともに、この言葉で結ばれる宣言を起草した。日本の最底辺から差別に対する闘いだけでなく、人間解放をよびかけたこのメッセージは二一世紀を前に今なお息づいている。

にもかかわらず、西光には今までまとまった伝記がなかった。理由は、ほかでもなく西光が戦前非合法の日本共産党に対する弾圧の皮切りとして知られる三・一五事件で逮捕され、懲役五年で奈良刑務所で服役中に「転向」し、出獄後は「高次的タカマノハラの展開」をとなえて国家主義運動を推進したことにあった。西光は神兵隊事件を賞揚し、陸軍のパンフレット『国防の本義とその強化の提唱』を支持するとともに、美濃部達吉の天皇機関説を攻撃し、斎藤隆夫の国会での反軍演説をつよく非難し、日中戦争、太平洋戦争にすすんで協力、軍国主義、帝国主義の侵略戦争に加担した。いずれも日本と世界を不幸におとしいれた近代史上の出来事として戦後民主主義がマイナスの評価をあたえてきたところに西光が積極的にかかわっていたことを物語っている。この一五年戦争とよばれる時期の思想や行動と、部落解放運動の創始者としての西光とを統一してとらえることはむずかしい。

このため西光には全国水平社を結成したひとりで水平社創立宣言を起草したとの栄光だけをクローズ・アップさせ、それ以後の生涯についてはソッとして見過ごしてきたのであった。一九七一年から翌年にかけて、西光の旧知阪本清一郎、木村京太郎、難波英夫、北川鉄夫の監修で刊行された『西光万吉著作集』全四巻（濤書房）には西光のすべての時期のおもな論文や戯曲が収録されている。良心的な編集によって、この著作集には戦争の時期のものも重要な論稿がおおいかくされることなく、省かれずに採録されている。したがってこの著作集によって、西光の思想と行動をその生涯において追うことは可能であった。だが、そうした仕事はみられなかった。

わずかに、奈良県五条の福本正夫が一九七一年に「水平運動における転向――西光万吉における転向の軌跡――」（一九八二年に同名のパンフレットとして自家出版）を書き、その後、梅沢利彦が『文学の中の被差別部落像――戦前篇』（明石書店、一九八〇年刊）のなかに「西光万吉の栄光と悲惨――天皇主義への転落」と題した一章を置いた。いずれも戦時期の西光の思想と行動を転向あるいは転落とみてマイナスに評価し、批判するものであった。いわば、さきの戦後民主主義による見方そのものから否定的にとらえたのであった。九〇年代にはいって広島の福田典子が一連の論稿において西光の思想の根源を戦時期にもとめ、これを天皇主義として全国水平社の思想的源流とみて、きびしく論難するにいたっている。だが、福田の理解もまた、福本、梅沢とおなじように、「転向」

としない点で共通している。西光の伝記が成立しなかった根拠はこれである。

「サイタ、サイタ、サクラガサイタ」ではじまる読方教科書を最初に使った私たちの世代は、日中戦争、太平洋戦争が聖戦であることを日本神話によっていやというほど教えこまれた。「高天原《たかまがはら》」はその理想境である。徹底してかくされていた侵略戦争の実相があばかれ、敗戦の現実によって、その虚妄《きょもう》をいやというほど思い知らされた私には、著作集の「タカマノハラ」という文字面だけでおぞましく、ページをとじた。そして本書を執筆するため読む必要に迫られるまでながく開くにいたらなかった。あらためて読みすすめるにあたって、そのとば口を見出すことができたのは鶴見俊輔の「私が転向研究に価値があると考えるのは、まちがいのなかに含まれている真実のほうが、真実のなかに含まれている真実よりわれわれにとって大切だと考えるからです」(『戦時期日本の精神史——一九三一年~四五年』岩波書店、一九八九年第一五刷)との指摘だった。私はこの言葉に西光の神話的イデオロギーを、侵略戦争を正当化するイデオロギーとして非難するだけにとどめず、その背後にあって西光がもとめたものを探る道筋を見出した。この鶴見の言葉に出会わなかったなら、まだ戦時期の西光の思想に踏みこむことができなかったかも知れない。そうしてたどりついた西光の思想は本文で明らかにするようにかずかずの学ぶべき内容をそなえていた。

西光は侵略戦争に加担したことを恥じて、敗戦直後、未遂に終わったがピストル自殺をはかった。その西光が二度にわたり、過去をふりかえって自らの行動に反省をくわえたことは、他の社会運動家の多くが口をつぐんでいたのに比べて稀有《けう》であった。だが、西光は戦後も「高次的タカマノハラの展開」の考えに誤りはなく、天皇に戦争責任はないと考えていた。右翼思想家の立場をかくさなかった。しかし、不戦条項をもつ日本国憲法の制定を、日本神話の神武東征のさいに出現した金鵄《きんし》になぞらえ、奇跡として高く評価した。

そして憲法を軸に不戦日本、不戦世界の実現を後半生の課題として倦《う》むことなく説きつづけた。西光はたんに日本一国だけの平和と繁栄を願っただけでなく、国際的視野に立って世界全体にそれらをもとめた。西光と多くの平和運動あるいは憲法擁護に取り組む人々との決定的なちがいはここにあった。西光は、いわば戦後の平和運動の公理でもある「大砲よりバター」、「軍備より福祉」のスローガンをあまりにも自国本位だとくりかえし反対した。そして大臣をふくめて麦飯を食ってでも世界平和の実現に貢献すべきであり、「負担と犠牲」をおそれてはならないと説き、科学と技術で不戦世界の建設をはかる和栄隊の設立を夢みた。西光の和栄政策は一九六六年には日本社会党大会に提案され、採択されたこともあった。しかし、ただそれだけにとどまった。実現にむけての論議はなされなかったのである。

一九九〇～九一年の湾岸戦争は日本がどのように国際的貢献をするのかを問うた。政府と与党は掃海艇を派遣し、さらに自衛隊を国連のPKOに参加させようとして、なしくずしに日本国憲法の不戦条項の無力化をはかっている。野党もまたその枠のなかで反対あるいは修正の主張をくりかえすばかりである。アメリカの一極的軍事力の行使の傘を前提とするのではなく、全く別の角度から、いかにすれば日本が国際的貢献をなしうるかの政策はどこにも見当らない。このとき、すでに半世紀もまえから日本国憲法を中心にすえて日本と世界の和栄を説きつづけてきた西光の主張は、あらためて国際的貢献とはなんであるかをしめしてくれる。冷戦構造が解体した今日、西光の思想と行動にはかえりみなければならない多くがみられる。

一九九一年七月

目次

Ⅳ　戦後の主張——和栄政策

I　全国水平社の創立

苦悩を越えて

人の世に熱あれ、人間に光あれ

一九二二（大正一一）年三月三日、京都市上京区の岡崎公会堂は三、五〇〇の人波でうまった。差別に呻吟《しんぎん》してきた人々が自らの解放をもとめて集まった。集会を準備してきたひとり米田富は、その前日、どれだけ来るのか、予測がつかなかった。このため、京都市民でいい、ひとりでも来てくれたら有難いと思って、市内各所で参加をよびかけるビラをまいたという。しかし、予想に反して全国各地の被差別部落からぞくぞくと人々がやってきた。

全国水平社の創立大会であった。自主的な部落解放運動の出発である。用意された綱領が読まれ、宣言が披露され、決議文が朗読された。宣言についていえば「駒井（喜作）氏の一句は一句より強く、一語は一語より感激し来り、三千の会衆皆な声をのみ、面を俯《ふ》せ歔欷《きよき》の声、四方に起こる。氏は読了ってなほ降壇を忘れ、沈痛の気、堂に満ち、悲壮の感、人に迫る。やがて天地も震動せんばかりの大拍手と歓呼となった」のであった。『水平』第一号に載せられたこの文章は古風だが、大会の緊張した状況をよくうかがうことができる。

ここで読み上げられた宣言とはふつう「水平社創立宣言」とよばれている。起草者は本書がとりあげる西光万吉である。水平社の設立に最初からかかわり、結成をよびかけるリーフレット『よき

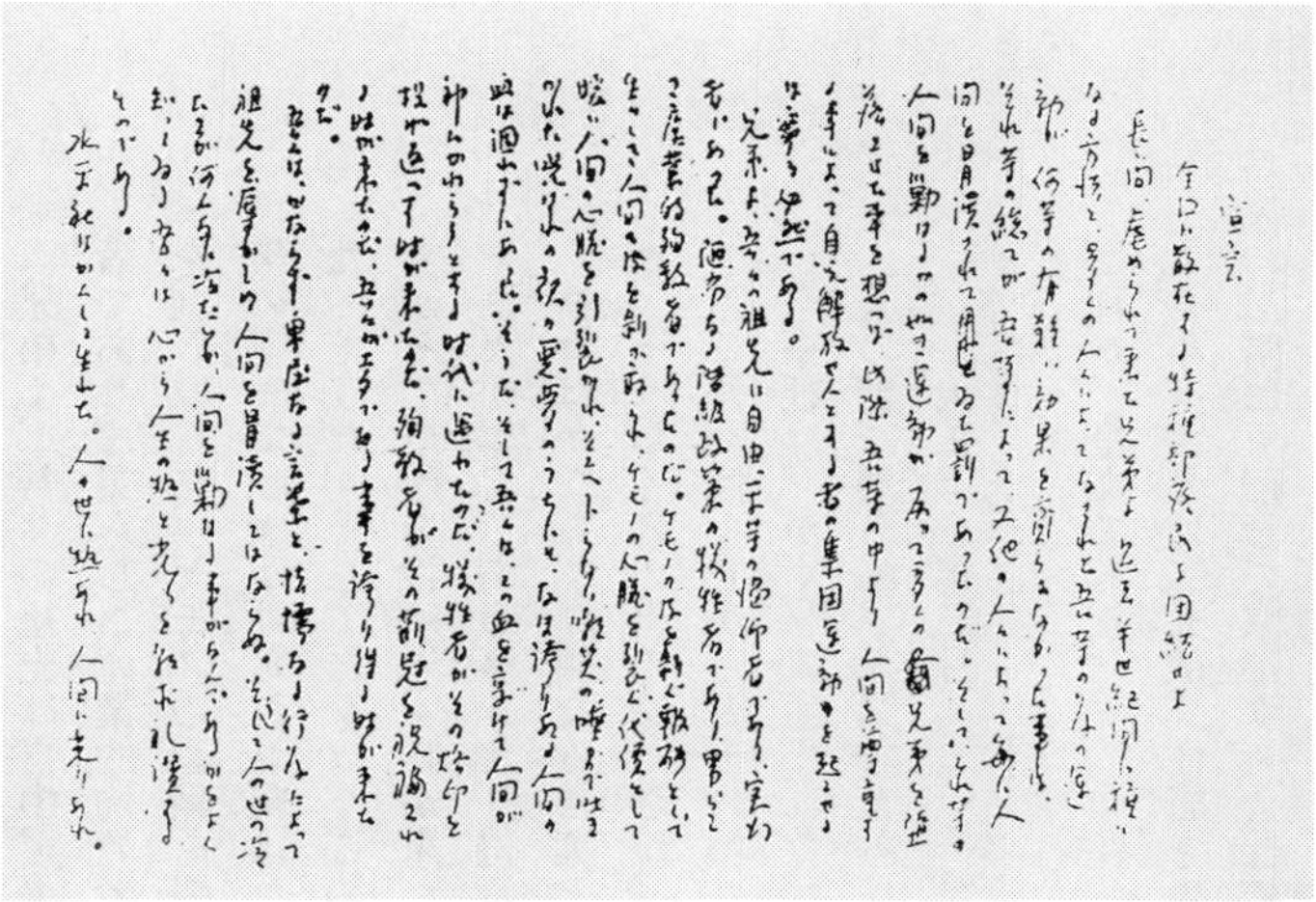

水平社創立宣言（自筆）

日の為めに』の執筆にあたったのも西光であり、思想的中心であった。大会では演壇に立ったが、はなばなしく振舞うことなく、静かに見守っていた。この「水平社創立宣言」は、今も部落解放運動の理念と精神の所在を示している。

宣言

全国に散在する吾が特殊部落民よ団結せよ。

長い間虐められて来た兄弟よ。過去半世紀間に種々《いろいろ》なる方法と、多くの人々とによってなされた吾等の為めの運動が、何等の有難い効果を齎《もた》らさなかった事実は、夫等《それら》のすべてが吾々によって、又他の人々に依って毎《つね》に人間を冒瀆《ぼうとく》されてゐた罰であったのだ。そして、これ等の人間を勦《いたわ》るかの如き運動は、かへって多くの兄弟を堕落させた事を想へば、此際吾等の中より人間を尊敬する事によって自ら解放せんとする者の集団運動を起せるは、寧《むし》ろ必然である。

兄弟よ、吾々の祖先は自由、平等の渇仰者《かつごうしゃ》であり、実行者であった。陋劣《ろうれつ》なる階級政策の犠牲者であり、男らしき産業的殉教者であったのだ。ケモノの皮剝《は》ぐ報酬として、生々しき人間の皮を剝ぎ取られ、ケモノの心臓を裂く代価として、暖い人間の心臓を引裂かれ、そこへ下らない嘲笑の唾《つば》まで吐きかけられた呪《のろ》はれの夜の悪夢のうちにも、なほ誇り得る人間の血は涸《か》れずにあった。そうだ、そして吾々は、この血を享《う》けて人間が神にかわらうとする時代にあうたのだ。犠牲者がその烙印《らくいん》を投げ返す時が来たのだ。殉教者がその荊冠《けいかん》を祝福される時が来たのだ。

吾々がエタである事を誇り得る時が来たのだ。

吾々はかならず卑屈なる言葉と怯懦《きょうだ》なる行為によって、祖先を辱しめ、人間を冒瀆《ぼうとく》してはならぬ。そうして人の世の冷たさが、何《ど》んなに冷たいか、人間を勦《いた》はる事が何んであるかをよく知ってゐる吾々は、心から人世の熱と光を願求《がんく》礼讃するものである。

水平社は、かくして生まれた。

人の世に熱あれ、人間に光あれ。

大正十一年三月　　　　水平社

これが、全文である。

この年、西光は二七歳。住居を生家の奈良県の柏原から京都市に移し、下京区七条櫛笥通《くしげどお》りの長屋の二階に下宿して京都ガス会社の職工として働くかたわら、水平社創立の準備につとめた。文筆

中学時代の西光万吉

のたつ西光に宣言の起草がゆだねられた。想がまとまった西光は鉛筆をとり、一気に書きあげた。机の前ではなかった。ガス管の修理に出かけた仕事先の島原の遊廓にある角屋《すみや》の物干し台でである。角屋は祇園の茶屋一力とならんで著名な揚屋《あげや》であった。

とはいえ、思いつくままに鉛筆をはしらせたのではなかった。

上京中、差別のために自殺まで思いいたりながら、かろうじて友人阪本清一郎の友情にささえられて、上野の図書館で読みふけった書物、その後も学びつづけた諸先覚の思想が、ここには凝縮している。とりわけ、前年に東京築地の本願寺で開かれた第二回同情融和大会において印刷工平野小剣《しょうけん》によって「民族自決団」の名でまかれた「檄文《げきぶん》」の印象はつよく、西光の脳裏に刻みつけられていたその文章のいくつかがほとばしるように書きつけられた。

この宣言の内容や歴史的・現代的意義についてふれたいが、それに先立って、宣言にいたる西光万吉の思想の形成を生い立ちのなかにたどることにしたい。

生家——学校騒動

奈良盆地の西には、二上山、葛城山、金剛山などの山々が連なっている。いずれも歴史に名だたる山々だが、なかでも葛城山はかつて鬼神を自由にあやつり、人々に大きな影響をあたえたため、伊豆に流されたという役小角《えんのおづの》が住んでいたという伝説で名高い。盆地を南にむかって流れる曽我川の西にあって葛城山をのぞむところに柏原とよぶムラがあり、そのなかに北方という部落があった。行政上は奈良県南葛城郡掖上《わきがみ》村柏原《かしはら》北方である。

西光万吉は、この北方にある浄土真宗本願寺派（西本願寺系）の西光寺の住職清原道隆と妻コノエの長男として生まれた。一八九五（明治二八）年四月一七日である。日清戦争がおわり、下関で講和条約がむすばれた日であった。父道隆は四五歳、母コノエは二一歳であった。父の名から一字とって一隆と名づけられた。この名前にもはじめての子をむかえての両親の喜びがあふれている。ちなみに、西光の本名は清原一隆であって、西光万吉とはのちに成人してからあらためてつくり直した名前である。いうまでもなく西光とは自坊の西光寺からとっているが、これ自体、西光の生まれ故郷への思慕をうかがうことができる。西光の思想の原点はここにあった。

「たたなづく八重垣山、大和しうるわし」とうたわれているとおり、この地方の山河はことに美しかった。しかし、そこに住む人と人との関係はそうではなかった。北方は被差別部落であり、北方に対する賤視は甚だしいものがあった。

一八七一（明治四）年、幕府を倒し近代化をすすめていた新政府はそのひとつとして、「穢多《えた》、非人《ひにん》等の称廃せられ候条、自今《じこん》身分、職業共、平民同様たるべき事」と布告した。解放令とよばれるこの布告によって、江戸時代、士農工商のいわゆる四民の下に置かれ、人間外の人間として賤視されてきた穢多、非人などの身分はなくなり、すべて農工商とおなじく平民とされた。かつてそれらの身分であった人々に対する賤視はこれによって解消するはずであった。しかし、それは法のうえ、制度としてであって社会生活のうえでの差別はいぜんとしてなくならなかった。いや、二一世紀をまえにして賤視された身分に出自をもつ部落民に対する差別は根強く、部落問題として日本における重大な社会問題として、私たちのまえにある。

北方にもどろう。掖上村では西光が生まれる以前だが、一八九二（明治二五）年に同村にあった玉手小学校柏原分校を廃止し、南北ふたつの小学校を設置しようとした。そのひとつ掖上北尋常小学校は一度は西光寺に設けられる計画があったことに見られるように、北方の児童を本村の児童から切り離そうとするものであった。これにはげしく反発した北方では一一カ月、分離につとめた本村では三カ月におよんで同盟休校にはいった。

西光の幼なじみでのちにともに全国水平社を創立した阪本清一郎が聞いたところでは、ともに学ぶことをもとめて拒否された北方では「お寺の鐘を叩いて」人々を集め、「老人、子供に至るまで、向う練鉢巻《ねじりはちまき》、襷《たすき》がけ、竹槍、日本刀で武装し、お寺の内外でかがり火を焚《た》き、食糧の炊《た》き出しをして、さながら戦国時代の野戦をおもわせるような情景」だったという。阪本家に残されている文書によれば、この時、北方の人々は「妄《みだ》リニ人種ノ異同ヲ唱へ、人権ヲ侵シテ教育ノ利ヲ区別スルハ、啻《ただ》ニ越権ノ処置ノミナラズ、不条理ノ甚シキモノ」と村長を弾劾したのである。これは、一例にすぎないが、柏原ではこのようにムラをあげての北方に対する差別があり、またこれを実力でやめさせようとする動きがあった。

それだけではなかった。日露戦争後、部落の生活改善をめざして各地の部落に団体がつくられるが、北方には進取同盟会が組織されている。同盟会は「我愛スル兄姉ヨ。卿《けい》等ハ長ク此小天地ニ跼《きょく》蹐《せき》シテ他ノ侮嘲ヲ甘ンズベキヤ」とうったえ「雑誌ヲ刊行シ、政治、教育ニ衛生ニ会員ソノ人ノ長ズル処ニ任ジ、自省、自戒、自修シ、以テ小天地ヲ排除シ、自由ノ光耀ヲシテ彼《か》ノ井底《せんてい》痴蛙《ちあい》（「井戸の中の蛙」、せまい世界で満足しているものたちをさす）ヲ照ラシ来テ、交通平等ヲ我レニ求メシメント乞フ。有志ノ諸士ハ奮テ賛成アランコトヲ」とよびかけた。同会の発起人に西光の父清原道隆が阪本清一郎の伯父清俊らとともに名を連ねている。

学校にて

一九〇一（明治三四）年四月、西光は掖上尋常小学校に入学した。二年うえのクラスには終生友情をかわすことになる阪本清一郎がいた。西光はのちにこのころをふりかえって「七歳の春、掖上尋常小学校に入学し、初めて不合理なる賤視差別のあることを知った」（「略歴と感想」）と書いている。「学校に行っても、部落の子だけ別にするから、身長順にならんで、途中で高くなっているところから部落の子ということでよくわかる。遊戯のとき手をつないでも、一度はなしてからまたつなぐというのが部落の子に対するエチケット（？）だった。しかしわたしの方は力はだめですから、阪本さんがかわってやってくれる」（「座談会・水平社のうまれるまで」『部落』一三五号）とは後年、西光が座談会で自ら語ったところである。

当時の西光は、色じろで、きゃしゃだったという。入学前に分校の教師から簡単な英語をならったり、また絵をかくのがとても好きなお寺のアニボン（長男）であった。勉強ができ、気の弱い子だった西光には、北方の子だけ別にされ、「エタ」「新平」と罵られ、すぐに喧嘩がはじまり、時には巻き込まれるという小学校での日常は堪えがたかった。西光がやられると腕力のつよい上級生の阪本清一郎がかわって制裁をくわえた。一九〇五（明治三八）年、御所《ごせ》町にあった御所高等小学校にすすみ、文学書にしたしんだ。近松門左衛門をはじめ、国木田独歩、北村透谷、田山花袋の作品などを読み、文芸雑誌『帝国文学』を愛読していた。出版されたばかりの島崎藤村の『破戒』に胸を痛めたのはこの頃であった。

一九〇九（明治四二）年四月、西光は奈良県立畝傍《うねび》中学校に進学した。畝傍中学校は高市郡八木町（現橿原市）にあり、県下でも代表的な中学校であり、いわゆる名門校として優越感のすこぶる強い学校であった。西光は一年生のときは無事通学した。だが、学校での勉強よりも読書に熱中したようだ。近くの今井町のある高市郡教育博物館のなかにあった図書室に通って、ダンテの『神曲』やシェイクスピアの『ハムレット』など外国文学にまで対象をひろげた。水平社結成以後、盟友だった木村京太郎は『水平社運動の思い出』下巻で、これらについてくわしく紹介しているが、そのなかに「ある日、エドモンド・ロスタンの『シャンテ・グレル』の本を、通学の途中の山中で読みふけっているところを、欠席が多いので学校から呼び出しをうけた父に見つけられたが、父は少しも怒らず『明日からは休まずに行けよ』というだけであった」とある。父の道隆には勉強好きの息子がなぜ登校しないかの理由を痛いほど理解していた。

これは、たぶん二年生になってからのことであろう。西光は学校に行かなくなり、その六月には退学している。その理由について、西光は「柏原は水平部落でありますので、私が同部落民であると言う事が学校内に判って来ると、夫《そ》れ迄私を可愛がって呉《く》れた先生が一種の或る感情をもって接するようになり、非常な不快を感じ、遂に居堪《いたたま》らずして二年生の時中途退学」したと語っている。この話がでたのは日常の場ではなかった。のちに西光は三・一五事件に連座して逮捕されるが、予審判事が訊問のなかで西光が当時非合法の日本共産党に入党した動機をたずねたのに対し答えるにあたって最初に述べたところであって、畝傍中学校での差別が西光にあたえた衝撃は人生の方向すら決定するほどであったことを物語っている。

西光は翌一九一一（明治四四）年四月、私立平安中学校の二年生に編入した。平安中学校は京都市にあって西本願寺が経営していた。おそらく、父の道隆の配慮があったにちがいない。しかし、同校もながくはつづかなかった。さきの話につづけて「京都の平安中学に入りましたが、同校でも体操の先生が奈良県出身で、私が水平部落の者であることを知ると、事毎《ごと》に他の生徒の前で私を侮辱しましたので非常に腹が立ち、殴ってやろうかと思った事も度々ありましたが、その都度《つど》自重して左様な暴挙に出たことはなかったのでありますが、左様な事情で同校も一学期出ただけで廃《や》めた」と述べている。多感だが温厚な西光がなんども手をあげようとしたほど教師の仕打ちに対する怒りははげしかった。そして、二度と学校に行かないことでこれにこたえた。

画家修業のなかで

京都の岡崎公園の近くに関西美術院がある。初代院長が浅井忠。梅原龍三郎、安井曾太郎、津田青楓たち、著名な画家を輩出した洋画研究所だが、絵心のあった西光はそのまま京都にのこり、同美術院の教授寺松国太郎について絵を学んだ。そしていよいよ本格的に絵の勉強をすることを決心して、一九一三（大正二）年には東京に移り、谷中の太平洋画会研究所にはいって、中村不折について学び、さらに日本美術院の橋本静水にも師事した。その画業は国民美術展覧会や二科展に入選するまでにいたり、将来を嘱望《しょくぼう》された。

しかし、東京でも部落の出身だということで賤視をうけるおそれははじめからついて回った。西光自身が後年語っているように東京の下宿での最初の夜、おかみさんと下宿人が「あの少年も新平じゃないか」と噂するのを耳にしたのであった。画業がすすみ、評判をとっても、心ははずまなかった。西光の才能に気づいていろいろと便宜をはかってくれた松岡という古美術商がいた。ある日、奈良見物の案内を西光に頼み、あわせて父親にひきあわせてほしいと求めた。奈良に来られては部落の出身だということが松岡に知れてしまう。これは、西光にとって恐怖であった。以後、二度と松岡に会うことなく、画筆からも離れていく。そして、上野図書館に通いづめになって、宗教、文学、社会科学、自然科学など、あらゆる分野の本を読んだ。つねに自殺を考え、自殺を賛美しながら、なおここにいて煩悶する自分とはなんであるかをつきつめたかった。東京でも、西光の力となったのは阪本清一郎である。膠《にかわ》製造業を家業とする阪本はこのころ、化学の勉強のため上京し青山に下宿していたが、やがてそこへ西光も移り住んだ。阪本は、ともすれば自暴自棄におちいりがちな病身の西光を励ました。

一九一七（大正六）年秋、西光は阪本にともなわれて帰郷した。二二歳であった。西光のようすから、これ以上の東京滞在は無理だとの阪本の判断からである。しかし、故郷では、西光のこころにかかる部落への蔑視はいっそうひどかった。阪本らと日本脱出を夢み、一度は柏原青年共和団をつくって、南方のセレベス島に渡ろうとしたこともあったが不許可となった。「（故郷では）私の肉親の叔父や従兄弟までがその部落的な関係に於て、一種言うべからざる冷たい交際をせなければならぬ状態に置かれていたので、非常に心淋しくなり、厭世的になって、一時は雲水生活をしようと思い」たつまでにいたった。

自殺を求めて

この時、西光が相談したのは、浄土真宗本願寺派の僧侶参玄洞三浦大我であった。三浦は西光より一一歳年上であったが、一九二一（大正一〇）年に同じ掖上村にある誓願寺の住職となったのち、宗教新聞『中外日報』の記者として教団の刷新をめざし、水平運動を支持した。この三浦の紹介で、西光は京都山科にあった西田天香の主宰する修養団体である一灯園にはいった。しかし、その偽善性に嫌気がさして退園し、大阪天王寺で教化事業にあたっている清水精一を三度までたずねたが会えなかった。さらに武者小路実篤の「新しき村」での生活を夢み、また一九二〇年には神戸の新川に住んで救済事業をすすめている賀川豊彦をたずね、教えをもとめている。賀川からは消費組合づくりをすすめられ、柏原で消費組合運動をはじめるにいたった。

人間いかに生きるべきかをもとめての青春の彷徨であった。

この時期の西光の気持ちをよくつかんでいたのは三浦であった。三浦はのちに当時をふりかえって「水平運動の興《おこ》る前一、二年、彼（西光）にはただ死があった。死を考えること、ただそれだけに彼は日々の慰さめを求めた」という。「一日彼は私に憤慨したことがあった。『生まれてくるということが、一番悪いんです。死こそが最高相の文化です。地上において、私共は果して何を求め、何を望み得ましょう。一切は欺瞞《ぎまん》です。不正です。不義です』と、彼は口をきわめて罵った。彼を心から心配したことがあった」のである。「清原君の如きは、当然熱心なる自殺賛美論者であって、自殺に最高の生活意識を認め、頻《しき》りに自殺の研究をやり、アメリカあたりの自殺クラブを無性に憧れたものであった。当時、私は幾夜かを同君の為に語り明した上、あたかもその頃法隆寺で営まれていた聖徳太子三百年祭の舞楽を、しいて観てもらって、やっと二、三日落着く事ができた位であった」（『左翼戦線と宗教』）。ここにあげられている「聖徳太子三百年祭」が行われたのは一九二〇（大正九）年四月であった点からいって、全国水平社創立の前年であった。西光は水平社を結成する直前まで、死をかかえ、自殺への願望をいだいてさすらっていたのである。

求道──社会主義への目覚め

読書家であった西光は帰郷後もいろいろと読みふけった。死にひかれながらいかにしてそこを超えるかの道を求めてであった。西光と親しかった木村京太郎は、この頃、西光が読んだものとして倉田百三の『出家とその弟子』、暁烏敏の『無碍道《むげどう》』など親鸞についての著書、ロシアのトルストイ、ドストエフスキー、ゴーリキー、フランスのユーゴー、ロマン＝ローランらの文学書、クロポトキン、バクーニン、マルクス、エンゲルスの無政府主義、社会主義の著書をあげている。もっとも西光がひとりで読んだのではなかった。阪本清一郎は後年「日蓮からクロポトキン、トルストイは勿論、ツルゲネフ等を読み、読んだものをみんなで話し合うのですね。日中働いている者が多かったので、私と西光君位が話しをしたんです」（「全国水平社五十周年によせて」）と語っている。

ところで、西光の二〇歳代前半までは、社会の変革をめざす無政府主義や社会主義の運動は、大逆事件後のきびしい弾圧のなかで、いわゆる冬の時代をむかえ、わずかにアナキストの大杉栄やマルクス主義者堺利彦がほそぼそと機関紙を発行するにとどまっていた。ようやく、第一次世界大戦がおわり、ロシアで革命が成功し、民族自決運動が世界をおおい、日本にも労働運動が展開し、民本主義の風潮が強まるなかで、これらの運動も息を吹き返した。西光が三浦から舞楽に誘われた一九二〇年の年の瀬もせまった一二月九日、堺、大杉やジャーナリストの大庭柯公らによって日本社会主義同盟が結成された。体制に批判的な人々がつかの間、ここにひとつとなったのである。

日本社会主義同盟結成のうごきは西光らに一脈の光明であった。西光は柏原でともに無政府主義、社会主義の本を読んでいた阪本清一郎、駒井喜作と一緒に同盟に加盟した。その思いは一灯園をたずねたときとさほど変わらなかったかも知れない。同盟はわずかに半年で解散させられるが、西光はこれをきっかけとして、山川均、堺、大杉たちからその教えを受けることになった。

衝撃――佐野学の論文

その西光らに衝撃をあたえたのは、雑誌『解放』の一九二一（大正一〇）年七月号に掲載された佐野学の論文「特殊部落民解放論」であった。当時早稲田大学の講師でのちに結成された日本共産党の初代委員長となる佐野は、日本は明治維新以後、六〇年が経過し、議会政治、資本主義的大企業、大都市、労働者階級の出現などによって近代化がすすんだ反面、いぜんとして「其根本に於て猶《な》ほ執拗《しつよう》にも未だ多量の徳川時代的要素を保有してゐる」と指摘した。さらに「もはや何等の存在理由のなき歴史的伝統も依然、一の社会的規範として拘束力を有し得る」と述べ、「私が此処《ここ》に論じようとする特殊部落民は斯《かか》る不合理な制度の残す最大の犠牲である」と指弾し、その解放を論じたのであった。

そして、部落の歴史を発生時代、成形時代、爛熟時代の三時代に分けて考察するとともに、一八七一（明治四）年に解放令が発布されても「凝結した歴史的伝統は一片の法令を以てよく破壊し得るものではない。徳川政府が強《し》ひた厳格な階級政策の効果は今も残る。特殊部落民賤視の観念は批評的精神を欠く人々の間に今も根強く残り恐ろしき拘束力を発揮しつつある。この空虚な社会的規範は現実に於ても、其例証の遑《いとま》ないほどに、彼等の有らゆる経済的活動、社会的向上、知識の獲得を妨げつつある」と問題点をあげた。

部落の歴史や部落問題については、すでに一九〇一（明治三四）年には柳瀬勁介《やなせけいすけ》の『社会外の社会　穢多非人』が発刊され、近くは一九一九（大正八）年、京都大学教授喜田貞吉《きたさだきち》の個人雑誌『歴史と民族』の七月号が「特殊部落研究号」としてくわしくとりあげていた。しかし、佐野の主張が

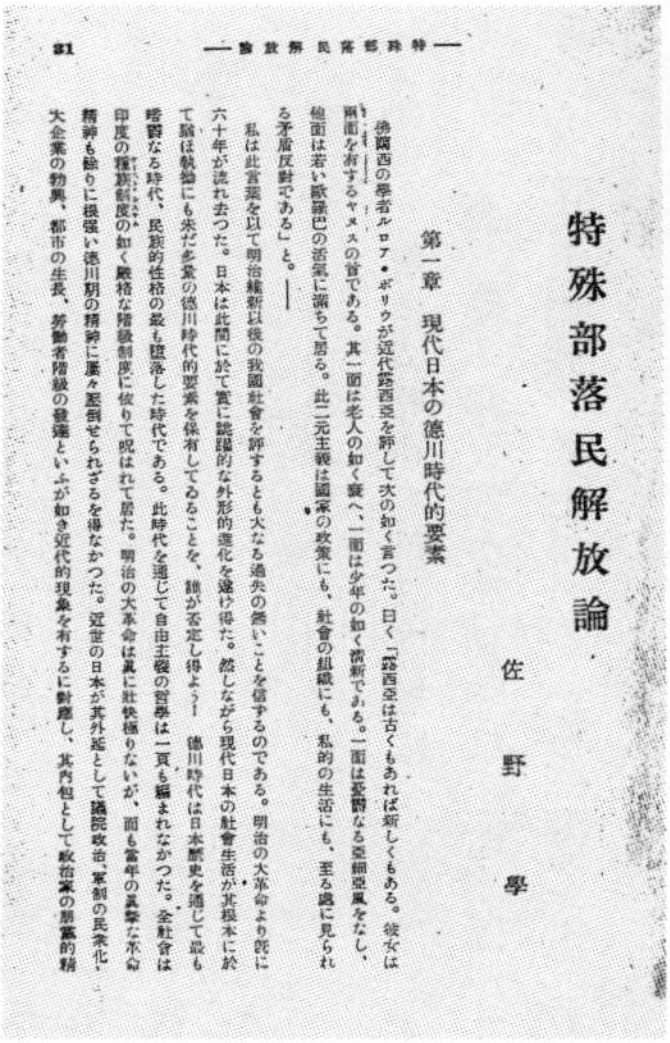

特殊部落民解放論

佐野學

第一章　現代日本の德川時代的要素

佛蘭西の學者ルロア・ボリウが近代露西亞を評して次の如く言つた。曰く「露西亞は古くもあれば新しくもある。彼女は兩面を有するヤヌスの首である。其一面は老人の如く衰へ、一面は少年の如く清新である。一面は憂鬱なる亞細亞風をなし、他面は若い歐羅巴の活氣に滿ちて居る。此二元主義は國家の政策にも、社會の組織にも、私的の生活にも、至る處に見られる矛盾反對である」と。――

私は此言葉を以て明治維新以後の我國社會を評するとも大なる過失の無いことを信ずるのである。明治の大革命より既に六十年が流れ去つた。日本は此間に於て實に跳躍的な外形的進化を遂げ得た。然しながら現代日本の社會生活が其根本に於て猶ほ執拗にも未だ多量の德川時代的要素を保有してゐることを、誰が否定し得よう！　德川時代は日本歷史を通じて最も暗鬱なる時代、民族的性格の最も墮落した時代である。此時代を通じて自由主義の哲學は一頁も編まれなかつた。全社會は印度の種族制度《カースト》の如く嚴格な階級制度に依りて呪はれて居た。明治の大革命は眞に壯快極りないが、而も當年の眞摯な革命精神も餘りに根強い德川期の精神に屢々壓倒せられざるを得なかつた。近世の日本が其外延として議院政治、軍制の民衆化、大企業の勃興、都市の生長、勞働者階級の發達といふが如き近代的現象を有するに對應し、其內包として政治家の朋黨的精

佐野学の論文
（『解放』1921年7月号所載）

異色なのは、部落に対する賤視観念が部落民以外の人々の意識のなかにふかく根づいているだけでなく、部落民自身をもとらえて「其社会的地位を正当に認識すること能はざらしむ」と率直に述べているところに見られる。だが、決定的にちがっているのは、解放するにはなにが必要で、なにをなすべきかを端的にしめした点にあった。

佐野は「第四章　解放の原則」と題した最終章で「特殊部落民の解放の第一原則は特殊部落民自身が先ず不当なる社会的地位の廃止を要求することより始まらねばならぬ」と述べた。佐野は解放令以後、政府などによって部落の改善がはかられたが「其多くは哀憐《あいれん》的であり、少なくとも普通民本位であり、若《も》くは支配者階級本位であって、徹底的効果を奏して居らぬ」とみていたのである。だれよりも部落民自身が立ちあがることなしには解放はありえない。そして「第二には現代に於て苦しむものが、資本主義の鞭に悩む労働者階級ばかりでないと共に、特殊部落の人々ばかりでも無いことがよく徹底せられねばならぬ」と指摘、「搾取者なく迫害者なき善《よ》き社会を作る為めに、両者は親密なる結合と、連帯的運動を為す必要があらう」とよびかけた。そして「私は特殊部落の人々の自立的運動と他の苦める人々との結合と、其の上に築かるる社会改造の大理想の上に、始めて此の薄倖《はくこう》なる社会群の徹底的に解放せらるる『善《よ》き

日』を想像し得る」と結んだのである。

部落民の自主的な解放運動、労働者階級との連帯、そのうえに展望される「搾取者なく迫害者なき善き社会」の実現。佐野のこの主張は西光を感動させた。じっとはしていられなかった。「夫《そ》れ(佐野の論文)に感激し、上京して早稲田大学に佐野学を訪ね、其の論文の有意義であったことを感謝し、尚此種の研究を盛んに発表して貰《もら》い度《た》いと言う事を頼み、種々教を受けて帰り、親友の阪本清一郎と相談の上、之迄《これまで》のような特殊部落民に対する融和運動だけでは部落民の改善も解放も到底期することは出来ないから、今後は特殊部落民自《みずか》らによって、自分の部落を改善し、解放する、所謂《いわゆる》自主的の運動を組織的に起さなければ駄目だと言う事にな」った(「三・一五事件訊問調書」)と自ら述べている。

この西光の陳述は歴史の証言としても重要である。はじめにみた全国水平社創立の端緒が、組織作りを準備し、結成にこぎつけた当の本人によって語られているからである。全国水平社は佐野の論文を核としてはじまった。おそらく、佐野自身、突然たずねてきて、熱っぽく論文の読後感を語り、つぎつぎと質問を放つ青年西光に驚かされたにちがいなかった。だが、西光にとってこの論文は、死の淵にさまよいながら、ようやくに見出した光であった。西光だけの光ではなく、阪本の光であり、すべての部落民の光であった。

取り組みは早かった。その夏には、組織の名称を全国水平社ときめ、柏原北方の田のなかの野小屋に寝泊まりして準備をすすめた。「水平」の名称は阪本清一郎が中世イギリスの民衆の団体レヴェラーズからとった。また野小屋は駒井喜作が借りたものであった。ごくごく小さい火が奈良県の柏原の部落にともされたのであった。どのようにして、組織をつくっていったかは興味深いが、ここでは、その中心だった西光の思想に即してみていくことに限りたい。

歓喜——よき日の為めに

やがて、西光らはわかるかぎりの全国の部落の有志に「創立会は、来春京都市（期日及会場追而《おって》通知）で開きたひと思ってゐます」と水平社の結成を予示するパンフレット『よき日の為めに』を送った。筆者は西光である。副題には「水平社創立趣意書」とあるが、水平社の目的などは書かれてはおらず、そうしたものとしては、冒頭にさきにみた佐野の「特殊部落民解放論」の結論である最終章の「解放の原則」が転載されているばかりであった。「よき日」とは佐野の論文にあることばであって、なによりも西光らが感激したその論文の核心を多くの部落の人々に分かちたいというのがパンフレットをつくり、配布した本音であろう。うすいパンフレットだが、しいていえば第一部に「解放の原則」を置き、第二部に水平社創立大会へのよびかけ、第三部に西光自身の随想を記した。

西光が論文を読み、衝撃を受け、阪本清一郎に伝えたところをそのままにひろげたのがこのパンフレットだといえる。表紙には「芽から花を出し／大空から／日輪を出す／歓喜よ」のシラーの詩がかかげられている。これはベートーヴェンの第九交響曲「合唱」の原詩「歓喜に寄す」の一節だが、当時、大杉栄の翻訳で刊行されたロマン＝ローランの『民衆芸術論』のなかに載せられていた。西光がこのシラーの詩を最初に置いたのは、死とむきあっていた長いトンネルをぬけ出して生への方向、生きるべき道、総じて言えば展望を見出した西光自身のよろこびがこれに共感したからであった。

ロマン＝ローランとゴーリキー

歓喜は西光のなかで、それまで読みふけっていたさまざまな思想をはじけさせた。希望も未来もなく、死しか思いいたらないところで灰色につつまれていた思想が彩りもあざやかに西光をつつんだ。とりわけ、ロマン＝ローランの『民衆芸術論』と発売されたばかりの相馬御風の『ゴーリキイ』は、このよろこびのなかで啓示されるところが大きかった。西光には水平社を組織しようとする事業は「あらゆる人々を民衆劇に呼び集めなければならない」と主張するロマン＝ローランが一九〇〇年のパリで開催しようとした平民劇国際大会の準備にひとしかった。ロマン＝ローランは「各人が、何等自己を犠牲にする事なくして、其処《そこ》に其人格

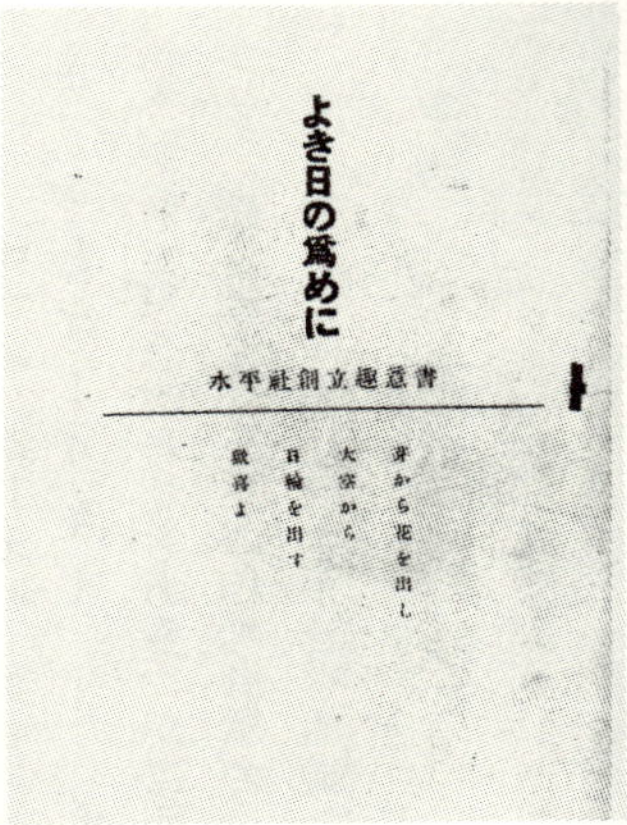

『よき日の為めに』の表紙

を、たとへば或る人は其の実行力を、その精力を、その意志を、又或る人はその理智を、その趣味を、其の繊細な感覚をそこに齎《もたら》して欲しい。そして又、斯くして一つの友愛的情緒となって融合した皆んなの心によって、お互いにその心を益々美はしくして行くようにしたい」と望んだ。パンフレットの第二部で西光は、この一節をふくむロマン＝ローランの「平民劇国際大会の開催を促す廻状」の部分をそのまま書きうつすとともに「その民衆芸術をよき日に、ヨーロッパの各地を吾国の各地に、民衆劇を水平社に取換へて貴意を得たいのであります。私共は私共の力を協同一致させねばなりません。そしてよき日と人心との力に統一をつくる事に働かねばなりません。あらゆる人々を水平社に呼び集めねばなりません」と書いた。

「廻状」は大杉栄の訳で出版されていた『民衆劇論』によるものだが、西光はロマン＝ローランの主張を通して水平社の創立を描きだした。全国からの「水平社についての問合」によって意見を交換し、準備をすすめ、会合を開き「よき日を信ずる総《すべ》ての人々の間に永続的の合意を結びたい、そして此結合から、全国内の協力になる水平社の組織の草案と、更にその運動を生み出させ度いのです」と述べた。このよびかけも、すべて「廻状」からとられている。そして「さあ！皆《み》んな仕事にとりかかろう！といふロマン・ローランの様な意気込みで、この運動を起さねばならぬと思ひます。私共は諦めの運命より闘争の運命を自覚せねばなりません」とよびかけるほどロマン゠ローランに傾倒していた。

ロマン゠ローランの「廻状」によって水平社創立の道筋をえがいた西光は第三部では「吾等の中より」「運命」「無碍道」「夜明け」と題する文章を置いた。西光はマキシム゠ゴーリキーの作品『どん底』がすきだった。ことにこの戯曲に出てくるサーチンのせりふはその後も繰り返し取り上げられた。「人間は元来勦《いた》はる可きものじゃなく尊敬す可きものなんだ——哀れっぽい事を云って人間を安っぽくしちゃいけねえ。尊敬せにゃならん、何《ど》うだ男爵！人間の為めに一杯飲まうじゃねえか」。これを「吾等の中より」のはじめに引いた。そして「吾々は、即ち因襲的階級制の受難者は、今までのやうに、尊敬す可き人間を、安っぽくする様な事をしてはいけない」と書き、「いたずらに社会に向かって呟《つぶや》く事を止めて、吾々の解放は吾々の行動である事に気付かねばならない」と述べ、「吾等の中へ——と云ふのを、吾等の中より——と改めねばならぬ」と記したのである。

『よき日の為めに』について詳細な研究をすすめた関西大学の松岡保によれば、ここに引かれている『どん底』の一節は相馬御風の『ゴーリキイ』からだという。サーチンの言葉を「『人間たれ！』これがロシアに対する彼の新しい合言葉である。人は先づ何よりも一個の人間であらねばならない。独立自由な人間であらねばならない」と読みとったのは御風であった。また、帝政下のロシアでは貴族、知識階級が民衆のなかにはいって奉仕する活動が称揚されたことがあったが、御風はこの本のなかで、その奉仕活動を「彼等下層民そのものの中に、遂に何等の積極的効果をもたらしえないで、解放を叫ぶものも、解放を叫ばれるものも皆一様な幻滅の中に空しく葬り去ったのが事実ではないか」と批判し、その「幻滅」のあとにあらわれたのがゴーリキーであって「ゴーリキイは今、新《あた》らしい合言葉と新らしい信念とを持って現われて来た。彼は今、『人民の中へ行け』との言葉を『人民より起て』との言葉に代へる。『民衆の中へ』との合言葉を『民衆の中より』との言葉に代へる」と述べた。この御風の読みがそのままに『よき日の為めに』のなかに生かされている。御風は間もなく故郷の新潟に帰り、良寛の研究などで知られるようになるが、社会運動とかかわって、こうした主張を行った一時期もあって、西光や阪本に大きな影響をおよぼしたのであった。

「運命」では、まず「吾々は運命を呟く事は要《い》らない、運命は吾々に努力を惜ませるものではない、成就しなければならない大きな任務をもった今日の如き時代は、幸福である」と記すが、これもまたロマン＝ローランの「廻状」からである。解放の展望を見出した西光の高揚した意識はこの言葉にぴったりと添っているといってよい。そしてゴーリキーの「呟いたり不平を云ったりして、それが何になる、破れるまで、倒れるまで、生きて生きて生き続けよ、そして既に破れてゐるのならば、黙って死を待ってゐろ、全世界の智識は只之《ただ》れ丈《だけ》だ、解《わか》ったかね」をそのまま使って、補強し、闘いの運命についての自覚をよびかける。「諦めの運命より闘争の運命を自覚せよ」。これが西光があげた主題であった。

親鸞、ウィリアム＝モリス

西光は部落にはびこっているのは「誤られたる運命の凝視、あるひは諦観」だと捉えた。現世で生き抜くことをあきらめて、ひたすら来世に救いを求めるこの考えをもたらしたのは、「親鸞の弟子なる宗教家」、部落に大きな力をもつ東西両本願寺の僧侶だとみた。これを乗り越えるのに必要なのは「生きねばならぬ運命の自覚」であって、これをなしうるのは「吾々親鸞の同行」であるとした。西光は、鎌倉時代、民衆のなかに生き、布教につとめた親鸞に忠実であるための指針を、ロマン＝ローランやゴーリキーの言葉、あるいは「終《おわ》りまで待つものは救はるべし」と述べたイエスの教えに見出したのだった。

仏教では、浄土にいたるには南に火の大河、北に水の大河にはさまれているせまい道、白道を通らねばならない。その道を浄土をもとめて歩む旅人はたえず火や水がおしよせ、さらに群賊、悪獣がおそいかかってくるのを避けつつ前にすすまねばならないと説かれている。どのようにして火と水の二大河にはさまれた白道を通って浄土にいたるのか。

西光は、そのためには、呪われた生活にあきらめることなく、またいたずらに「過去の穿鑿《せんさく》」にふけっていても駄目だという。ここでもロマン＝ローランから「前の方を見るがよい、全《すべ》てのものは過ぎ去るのだ。構《かま》ふものか恐れずに生きよ。肝心なものはあったところでなく、あらうところのものだ」を、ゴーリキーから「勇往邁進、寧《むし》ろ無謀に戦ふものの光栄を讃美せんかな、果敢なる狂暴よ―是れ真に智者の生活なり――」を引いた。西光は、大胆に前を見るとき、「火と水の二河のむこうによき日が照りかがやいている、そしてそこへ吾等の足下から素晴らしい道が通じてゐる」という。前方に光明を認め、勇ましく闘うことを決意することによって、危険の多い白道は、なんの障害もない無碍道《むげどう》となる。「吾等の前に無碍道がある」のである。

「起きて見ろ——夜明けだ」。

くりかえし、こう記し、パンフレットも、この言葉でむすんでいる。その「夜明け」の日のイメージはつぎの通りだ。「彼のダヴィドの共和祭祭典案に、行列の最後に、軍隊が百合の花を撒《ま》いた毛氈《もうせん》で蔽《おお》ひ、王や貴族のいろいろな記章を載せて、そして—平民よ、常に人類社会に不幸を齎《もた》らしたものは、是れである—と記した車を挽《ひ》いて行くのがある。然し吾々が—受難者よ、常に人類社会に不幸を齎らしたものは是れである—と記した車を挽いて歓喜する日、それは何時だ」。この文章の前半はやはり、ロマン＝ローランの『民衆芸術論』からとっている。ダヴィドとはフランス革命に参加し、ジャコバン党員として行動した画家であって、革命政府の文化面を担当し、王立アカデミーを廃止し、自由な美術団体の創立をはかるなど、革命に寄与した。一七九三年三月、そのダヴィドが革命を祝う祭典の構想について国民議会に提出した報告の一部をロマン＝ローランが引いたのがこれである。行列の最後尾に軍隊が、人類の不幸をもたらしたものをしめすために、かつて栄華をほこった王や貴族の権威、栄誉をしめす勲章、記章を積んだ箱車を引いていく。西光は、絶対主義王朝を倒し、自由と平等をかちとったブルジョア革命のなかに解放の日を夢みたのだ。

いわば、ロマン＝ローランやゴーリキーの言葉でうめつくされた『よき日の為めに』を受け取った人はほとんど理解することはできなかったにちがいなかった。このとき西光はまだ組織論も、組織しようとして部落の人々によびかける自前の言葉も持たなかったといってよい。阪本らと本を読み、意見をたたかわせていた通りを活字にした。感じ、気づいたそのままを原稿にした。表紙のつぎには、ウィリアム＝モリスの「吾人の記憶す可き事は文明（封建的階級制）は労働者（吾々）を駆《か》って、吾等をかくの如く貧弱にして且《か》つ悲惨なる存在に到らしめたが為めに彼等は殆んど今日持続するものよりも更によき生活を考慮する事が出来ないと云ふ事である」が引用されている。このモリスの言葉は、括弧の自注は別として、さきの佐野の論文が載せられていた雑誌『解放』の次号にあたる一九二一（大正一〇）年八月号の社会学者北沢新次郎の論文「社会主義者としてのウィリアム・モリス」から引いており、いわば西光が興奮のさなかに読んだものにちがいない。すぐさまこの言葉を『よき日の為めに』に用いたところに、触れ、感じ、学んだそのままを、人々に伝えたいという西光の気持ちと意志を読みとることができる。

　西欧の思想家たちの言葉を敷きならべながら、たんなるアフォリズムにおちいらず、散文詩のように香気にみち、生気にあふれているのは、西光の詩人的な気質だけでなく、解放の展望を知った歓喜をひとりでも多くに伝えたい気持ちと意志が『よき日の為めに』をつらぬいているからであろう。だからこそ、これを手にし、読んだ人々が内容を理解しなくとも、つよく引きつけられたのであった。

同人をつのる

西光はあちこちに出かけて同志をつのった。一一月には宇智郡五条町の五条座で開かれた紀和青年雄弁会で駒井喜作とともに演壇に立ち、おなじく演説を行った千崎富一郎に働きかけたのはその一例である。千崎はのちに米田富と名乗るが西光の終生の同志であった。このとき西光は「金穀を脱いで」と題して演説している。西光は説いた。「上方贅六《かみがたぜいろく》」すなわち大阪町人は「封建的武家時代」に「自分は只一つ金によって生きる」と宣言した。この宣言はその時代にとって「資本主義的現代に於ける第三インターナショナルの宣言よりも、マルクスの共産党宣言よりも危険な宣言」であった。しかしこの宣言によって「ブルジョア制度といふ金穀の卵を生んだ」のであり、「吾々は所謂《いわゆる》上方贅六の後とりでなければなりません。吾々は封建時代に資本主義宣言をした彼の勇敢なる贅六の後継者でなければなりません」と述べた。「黄金の卵より化すること、即ち黄金万能主義より脱れて無産者として創造に生きよ」が主題であって、社会主義の実現をめざして立ち上がることを、わかりやすくうったえたのであった。

この演説は、香具山《かぐやま》近くの大福部落の青年たちの三協社が発行した『警鐘』の一九二一（大正一〇）年一二月号に掲載されているが、その一一月号には西光寺一の名前で「鐘によせて」の詩をのせていた。以下はその抄録である。

わだつみのそこ淵の中、水藻の下に、／かげを沈めた鐘さへ、／なる時がある——

これは警鐘。／これは暁鐘、／これは聖鐘、／めざめと黎明《れいめい》と愛の音、／これは自由、これは快活、／歓喜と礼讃でございます。／大宇宙の巡礼よ、／これは人間の浄土の道でございます。

／二河白道《にがびやくどう》の巡礼よ、／これはパンとシレンのうたでございます。／生命と鐘の音は、／祈念の魂から魂へ、はてしらぬ、／余韻を引く

黎明に鐘がなる／追放されたるイブとアダムは、／悲嘆と当惑の頭をあげる、／そこから親鸞が同行し／ルシファーの蛇が案内する、／地獄の蛇が案内する、／地獄のかなた、人間の浄土よ―

鐘の音は、／人間の魂に反響しまたこだまして／ライジングゼエーションを奏曲するよ／見給へ、はるかなるかなたより、／よき日の先駆は、しらしらとして歩みよる

この詩にも、『よき日の為めに』での喜びがうたいあげられている。また、さきにみた水平社創立宣言もここでは星雲のように予示されているといってよい。このような文章や詩が大福部落の青年たちが発行する雑誌に掲載されたこと自体、水平社創立の動きが浸透していったことを物語っている。

西光はまた、すでに官民が協調して部落の改善をはかる融和運動の名士として知られていた京都の南梅吉《みなみうめきち》にも働きかけ、水平社創立のひとりに加えたのであった。しかし、年末には奈良での活動は野良小屋での行動が檀家たちの非難によって難しくなり、父道隆のすすめで京都に出る。はじめにみた京都ガスの職工となったのはこのときである。道隆は「運動は進んでいるか」とたずね、「それはよい。やれるだけやれ、しかし、しばらく村を離れて京か大阪へ出て行け。そしてそこで運動をつづけよ。金は少しずつでも送ってやる。ともかく今日は、これだけ持っていけ」（「青竹の荊冠旗」『部落』三二）といったと西光は回顧している。このとき道隆は七二歳の高齢であった。

やがて、西光らの運動は新聞にも取り上げられる。一九二一（大正一〇）年一二月七日付の『中外日報』は「地方青年の自覚に基づく部落解放運動は、其後各地有志の会合を重ぬるとともに漸く白熱的となり、従来中老輩が官僚に煽動されて嬉《うれ》しがって居たやうな気分とは全く反対に、何処までも少数の自発的運動によって飽迄《あくまで》自他の迷妄を打破すべく驀進《ばくしん》することになった」と伝えた。いみじくも、この新聞が指摘したように、その運動は「中老輩」の動きとの衝突が避けられなかった。

米騒動と同情融和

すでに、部落の生活改善をめざす運動はさまざまなかたちで行われ、はやくも一九〇三（明治三六）年には大日本同胞融和会が大阪で開かれ、その後、消長はあったが、各地にさまざまな団体が生まれた。だが、その時期を画したのは、一九一八（大正七）年の米騒動である。ロシア革命をつぶすためのシベリア出兵をきっかけに米価が高騰し、生活を圧迫した。これに対して民衆は自ら立ち上がり、米屋、派出所などをおそい、米の安売り、米価の引き下げなどを要求した。七月下旬、富山県下新川郡魚津町ではじまった米騒動はたちまちに全国にひろがった。青森、岩手、秋田、沖縄をのぞく道府県の三八市、一五三町、一七七村で発生、鎮圧のためには警察では間に合わず、軍隊さえ出動した地方もあった。検事処分を受けたもの八一八五人、二人が死刑の判決を受けた。自然発生的におこった騒動であったが、差別によって仕事らしい仕事につくものの少ない部落民は各地でその中心となった。

このため、米騒動以後、政府はようやく部落の生活改善のための予算を組み、また、政府や財界などの後援のもとに一九一九（大正八）年と翌一九二〇年に大江卓らの帝国公道会が東京築地の本願寺別院で同情融和大会を開いた。この大会には総理大臣や閣僚のメッセージがおくられ、政財界はじめ軍部、宗教、教育など、部落をふくめて各界の名士が発起人に名をつらねた。文字通り部落への同情が叫ばれ、融和することが求められた。

ただ、一九二〇年の第二回同情融和大会では思いもかけぬハプニングがおこった。「民族自決団」の名のはいった「檄」が会場にまかれたのだ。「独創と創造力を有する我が民族に檄す。我等民族の祖先は最も大なる自由と平等の渇仰者《かつごうしや》であって、又実行者であった。そして最も偉大なる殉道者であった我等はその祖先の地を亨けた民族である」にはじまるこの檄文は、部落民をひとつの「民族」としてとらえ、団結による自主解放をうったえた。「封建的因襲と陋習《ろうしゆう》のブロジャー《ブルジョア》道徳を猶《な》ほ固守する民族等は我が民族を目して『賤劣なる人非人』『下劣なる動物的卑民』と呼称し、依然として障墻《しようへき》を設け、人種的階級の差別を付し、甚だしき社会的虐待をなしつつあるなり」と現状をとらえ、「我々民族は『我々民族の力』を信ぜよ。その報復する秋《とき》が来たりしを覚《さと》れ。解放を迫る秋を看過《かんか》するなかれ」とよびかけるのである。同情や融和は敵だ。「我が民族は他動的又は受動的に慈恵と憐愍《れんびん》とに依って解放を希《ねが》ふは我々祖先に対する『最大の罪過』である。我々は外皮のみの融和を求むることを止めよ」と警告した。そして「全国に散在する我が兄弟姉妹等よ。大同団結を図り幾百年来の虐待と虚構より解放を期して自由、平等の新社会の建設に努力せよ」と結んだ。

このビラをつくり、まいたのは福島県の部落出身の印刷工平野小剣《しようけん》であった。平野はアナキストで、印刷工労働組合信友会のメンバーとして労働運動をすすめていた。この檄文は部落民の存在を積極的に評価し、自主解放を高唱したことで特記されよう。

五色のビラ

ところで、同情融和大会の関西版というべき大日本平等会の結成が元大阪府知事菊《き》池侃二《ちかんじ》を中心にすすめられ、一九二二（大正一一）年二月二一日を期して大阪の中之島にある中央公会堂で大日本同胞差別撤廃大会が開かれようとした。さきにあげた『中外日報』の「中老輩が官僚に煽動されて嬉しがって居る」との記事はこの動きをさしている。

水平社の創立をめざす西光らはまずこれと対決しなければならなかった。同年一月一五日、西光は南梅吉にともなわれて大阪市立市民館で開かれた「同胞差別撤廃会」の発起人会に出席した。この会には大阪、京都、兵庫、奈良、和歌山、滋賀、岡山の各府県から代表四〇数名が参加していたが、南の紹介で西光は水平社の組織について説明した。『中外日報』（一月一八日付）によれば、このとき西光は「部落以外の人々に依ってなされたる過去の運動が常に不徹底であった事だから部落の解放は部落民自身の力によって真剣に展開せねばならぬと主張」した。いわば、部落の自主解放を菊池元知事や各地の部落の有力者を前にはじめて堂々と説いたのであった。

この会合では予定通り差別撤廃大会の開催が決められるが、西光らはその準備にあたっている委員達を訪問し、思いとどまるようにもとめた。そのひとり、当時、大阪時事新報社社会部長であった難波英夫《なんばひでお》は西光が平等会も『差別撤廃』をやってやると言ってわれわれ部落の者をあわれみ、あなどっているではありませんか、それこそ差別ではありませんか。と言って、これまでの『融和事業』が、いかに部落の者を卑屈にし、堕落させたかについて、涙を流さんばかりにして説かれました」（「私の生れ変った日」）という。この西光の話を聞いて難波は「これまでの私たちの部落に対する『同情』とか、『いたわり』とか、『あわれみ』とかいうものそれ自身が差別であり、今日の差別のもとになっている理由のない『優越感』のあらわれであったことを知った」のである。そして「その日までの思いあがった自分の姿に真赤になって仕舞いました」という。西光の誠実な説得がひとりのまじめなジャーナリストのこころを深くゆすぶったのであった。

一九二二（大正一一）年二月二一日、大日本同胞差別撤廃大会が予定通り大阪の中央公会堂において開催された。参加者は五〇〇人。菊池元知事を議長に議事がすすめられ、「少数同胞に対する謬《あやま》れる観念の根絶」、そして少数同胞つまり部落民は「一般社会と進んで融和を図る」ことが決議された。西光らはこの大会を京都で開こうとしている全国水平社創立大会の宣伝の場にしようと企てた。「同情的差別撤廃を排し、部落民の自発的運動を起して集団的見解を発表し、常に自ら卑下せんとする特殊部落民の自覚と民衆の反省を促さんとする／全国水平社創立大会へ!!／男女何れを問はず奮って参集せられたし」とよびかけた小さなビラが多数準備された。

京都
全國水平社創立大會へ!!
一、同情的差別撤廢を排し、部落民の自發的運動を起して集團的見解を發表し
一、常に自ら卑下せんとする特殊部落民の自覺と民衆の反省を促さんとする
◆會場　京都市岡崎公會堂
◆日時　來る三月三日正午（時間勵行）
男女何れを問はず奮つて參集せられたし
關東、東海、近畿、中國、四國、九洲の人士を網羅す
水平社同人

水平社創立大会の宣伝ビラ

大会では司会にたった部落出身の前代議士森秀次《もりしゅうじ》が、本願寺の中興の祖である蓮如の母親が「少数同胞であったらしい」とふれたのを受け、東本願寺の大谷瑩韶《おおたにけいしょう》が講演のなかで、その発言を肯定して「私は今日少数同胞の一人としてお話しする事ができる」と述べた。これを聞いていた菜葉服すがたの西光は演壇にあがり「大谷さんに対しては、生き仏として、手を足を拝むだろうと。同じえたである私に対しては、つばを吐きかけ、足げにするだろうと。我々の運動は、同じえたであっても、尊敬され、人々に尊敬されるようなえたになりたい」(「証言・全国水平社」)と反論し、話をしめくくった。その場におり、のちにこの言葉を紹介した米田富は、西光の発言をよく記憶している点について「異例の内容や用語を使ったり、そして演説そのものの、何ちゅうんですか、形態というものが、異例でしたから」と述べているが、同時に西光の演説の個性をしめすといえよう。

ひきつづき夜は演説会となり、つぎつぎと発言した。南梅吉、駒井喜作が壇上から水平社の趣旨を訴えた。そのとき、二階から米田と石田正治によって五色のビラが花ふぶきのようにばらまかれた。

創立大会の準備

構想らしい構想もなしに出発した水平社創立にむけての運動だったが、この頃にはかなりはっきりと姿をととのえてきた。一月一三日付の『大阪朝日新聞』は総裁には賀川豊彦が有力と報道した。これは誤報だったが、おそらく当時、西光らが旧知の賀川をたずねたことからきたものであろう。賀川はスラムである新川での活動だけでなく、全国的労働

前列左から平野小剣、南梅吉、阪本清一郎、桜田規矩三、
後列左から米田富、駒井喜作、西光万吉

組合である友愛会に参加、関西労働同盟会をつくり、前年の一九二一年には戦前最大の労働争議だった神戸川崎・三菱両造船所争議を指導し、輝ける指導者としてよく知られていた。いわば組織活動のベテランであって、この賀川からどのようにして組織をととのえるかを学んだものと考えられる。組織をつくるにあたって、なにをするのかをひろくアピールする宣言、なにを勝ちとるのかを明らかにする綱領、そして当面の活動目標をしめす決議が欠かせないなどがそれであった。『大阪朝日新聞』や『中外日報』が好意的に報道し、全国各地から共鳴の声が寄せられてきた。

創立大会は三月三日に京都の岡崎公会堂で開催することを決め、二月二六日には京都駅前の宮本旅館に西光、阪本清一郎、駒井喜作、米田富、平野小剣、南梅吉、桜田規矩三が集まって最後の詰めを行った。ここで、綱領、宣言、決議について意見を出しあうが、綱領の第一、第二は平野、第三は阪本の案が採用され、決議は皆で決定した。西光が宣言の草案を読みあげ検討にはいったが、米田によれば西光自身が「犠牲者がその烙印を投げ返す時が来たのだ」の一句は「復讐を意味するようなことになるので、この部分を抜きましょうか」ともちかけた。これに対して米田が「まあ我々の意思表示なら、せめてそのくらいのところは残しておきましょう」と反対し、駒井、平野もこれに同意してそのままになったという。このようにして水平社創立宣言はつくられ、創立大会で読みあげられたのであった。

水平社創立宣言までの過去半世紀

やっと本書の最初の部分にたどりつくことができた。評伝として西光の経歴をたどるのは当然の作業なのだが、苦悩のなかに死を賛美しつつ、なお生をもとめ、ようやく佐野学の「特殊部落民解放論」に接して、生への回心をとげた青春の彷徨《ほうこう》そのものが、宣言にこめられているのであって、その足跡をたどることによってはじめて、どのようにして宣言が生まれたかがはっきりとつかむことができる。西光が読み、見聞きし、意見をもとめ、文章にしてきたすべてが宣言にこめられている。このことはここまで読みすすめられた読者も承認されるところであるまいか。西光を通して、当時部落の解放、よき日の実現をめざした人々の意志がこれに集中しているといってよい。

ここで水平社創立宣言の内容に分け入りたい。

「全国に散在する我が特殊部落民よ団結せよ」のよびかけは、いうまでもなくマルクスの『共産党宣言』の冒頭の一句「万国の労働者団結せよ」からとられている。マルクスの『共産党宣言』については幸徳秋水、堺利彦の名訳があったが、禁書として書店で公然とは買えなかった。水平社宣言の冒頭にこの国禁の書に似せた文章を置いたこと自体、はじめから権力に抗する姿勢をしめすものであった。西光にせよ、阪本にせよ、マルクス主義にひかれ、堺利彦や山川均たちが翻訳するマルクス主義の文献や研究書をよく読んでいた。阪本によれば、水平社の組織をつくろうとしていることを知って、名前が不明の差出人から百部以上の『共産党宣言』が阪本の家に送られてきたという（「証言・全国水平社」）。おそらく、堺か山川あたりが送ったものであろうが、このために「みんなの頭にあったのは『共産党宣言』でしたな」と阪本と語っている。過激といえるこの表現は難なく認められたのであった。

一八七一（明治四）年に新政府によって解放令が発布されてから、すでに五一年、ほぼ半世紀がながれていた。この間、政府や府県、市町村、警察、あるいは部落の有識者たちによって、部落の生活改善をはかる取り組みがすすめられていた。西光の生まれた奈良県でいえば、一八九九（明治三二）年には大和同心会が生まれ、生活改善の努力がなされ、一九〇九（明治四二）年には県当局が県下各部落に矯風会をつくって風俗の向上をめざし、一九一二（大正元）年には部落の資産家松井庄五郎によって、大和同志会が組織され、機関誌『明治の光』を発刊して、部落民の奮起と賤視観念の除去をもとめた。

西光はこの半世紀の部落に対する取り組みを直観的にふりかえる。それらはいずれも部落にとってプラスとは思えなかった。「過去半世紀間に種々なる方法と、多くの人々によってなされた我等の為の運動が、何等の有難い効果を齎らさなかった事実」という。なぜであろうか。松井のように部落民自身が事業をすすめたにせよ、あるいは県当局が取り組んだにせよ、すべて上から下へと恩着せがましくなされ、部落民は被救恤《ひきゆうじゆつ》者として同情の対象とされてきた。これらの事業は「毎《つね》に人間を冒瀆《ぼうとく》」してきたのであり、その「罰」として「何等の有難い効果を齎《もた》らさなかった」のである。この西光の視点の背景には解放令以後の政府などの部落に対する施策が「徹底的効果」をあげていなかったという佐野学の評価があり、そしてまた、相馬御風が著書『ゴーリキイ』において、ロシアの貴族や知識階級が「民衆の中へ」をさけんで奉仕活動につとめた結果、「何等の積極的効果をもたらさ」ず、「幻滅」のみが残されたという批判が存在する。もちろん、それだけではなかった。水平社の創立を準備するなかで、松井庄五郎に『よき日の為めに』の原稿をみせると「こんな社会主義みたいな危険な文章を書いたら、いっぺんに警察が来て捜索をくらう。こんな危険な運動に協力できない」といわれ、「松井さんみたいな人に相談していたら夜が明けない」と痛感した阪本の経験を西光自身も現実に味わうなかで、あらためてこれらの主張がよみがえってきたのである。

人間を尊敬する事によって

批判だけではだめだ。「これ等の人間を勦《いたわ》るかの如き運動は、かえって多くの兄弟を堕落させた事を想へば、此際吾等の中より人間を尊敬する事によって自ら解放せんとする者の集団運動を起せるのは寧《むし》ろ必然である」のだ。いうまでもなくこの一節はさきにみたゴーリキーの『どん底』のサーチンのせりふ「人間は元来勦《いた》はる可きものじゃなく、尊敬すべきものだ」から来ている。これは西光の人間観の核心といってよい。同情をそそぎ、哀れみを受けるような運動は「人間を安っぽくし」、「多くの兄弟を堕落させ」てきた。

このことを自覚する以上、それぞれを「独立自由な人間」として「尊敬」しあうことを通じて、「我等の為の運動」ではなく「我等の中より」運動をおこすのは当然である。すでに平野小剣は自主解放をうったえるビラを同情融和大会でまいていた。その運動は「人間を尊敬する事によって自ら解放せんとする者の集団運動」なのである。これほど的確に部落解放運動とはいかなる運動であるかを言い当てた言葉はない。

「我々の祖先は自由、平等の渇仰者《かつごうしや》であり、実行者であった。陋劣《ろうれつ》なる階級政策の犠牲者であり、男らしき産業的殉教者であったのだ」。のちに西光は「新しいメッシャ（メシア、救世主）」は「賤民として長い間試練せられてきたわれら選民のなかから生まれる」（「業報に喘ぐもの」）と述べるが、この賤民が「新しいメッシャ」を生み出す選民だという主張には、賤視と迫害を受ける部落民はそれ故に無意識のうちに不断に「自由、平等」をもとめつづけていたという考えがあったといえる。いや、西光自身が長い間、出身がばれはしないかと戦々恐々と死のみをみつめていた。そのなかでもとめたものの核心はほかでもなく、「自由、平等」であった。この部分はさきにあげた平野小剣の檄文からとられているが、だからこそ、西光につよく印象づけられたのであった。

誇り得る時

賤視、迫害、嘲笑の日々、それは「呪《のろ》はれの夜の悪夢」の連続である。だが、そのもとにも「なほ誇り得る人間の血は涸《か》れずにあった」ことの自覚。佐野の論文を読んだ時の喜び、絶望から歓喜への転回、そして水平社を創立しようとする動きへの部落のなかからの共感が、この自覚を生み出した。「搾取者なく迫害者なき善き社会を作る」のは神ではなく、部落民と労働者階級の、親密な結合と連帯によってである。「特殊部落民の徹底的解放は社会改造の重大なる要素」であり、「尊き自由は悩める人の全部が獲得せねばならない」と書かれた佐野の論文に強い共感をいだいた西光はそのよき日を実現するのは神ではなく人間だとみた。「この血を享《う》けて人間が神にかはらうとする時代にあうたのだ」とはこうした自覚をもつことを可能とした時代の認識をしめしている。

もはや部落民は絶望のふちに呻吟《しんぎん》している存在ではない。よき日をもとめて賤視や迫害と闘い、はねのけていく。「犠牲者がその烙印《らくいん》を投げ返す時」なのだ。そして、それは「我々がエタである事を誇り得る時」の到来なのである。この主張は、それまでの部落改善の運動に対する批判であった。解放令以降、部落と部落民に対して、新平民、特種部落、特殊部落、細民部落、そして少数同胞などとさまざまな呼称がもちいられてきた。部落に対する賤視の観念がなくならないなかで、どの言葉にもその観念がまつわりつき、部落と部落民に対する蔑称として作用した。当時、政府や役所、警察と手をたずさえて部落の改善をはかる融和運動家がまず問題にしたのはこの呼称であり、つよく禁止をもとめてきた。さきにみた一九一九（大正八）年の同情融和大会のあと、松井庄五郎ら部落の有志が衆議院、貴族院に提出した請願書の一項は「特殊部落其他忌《い》む可《べ》き文字」の使用の禁止であり、新聞社に対しても同じような申し入れがなされている。まして穢多は禁語であった。そのなかで西光はあえて「エタ」と自称し、そうであることを誇りとすると宣言した。ここには呼称、言葉を言い替えることによって問題は解決しないという認識がはっきりとある。そのようなやりかたは姑息《こそく》で、部落の現実をすこしも変えるものではないとみた。むしろ、世間の、そして部落民自身をもふかく捉えている価値を転換して「エタであることを誇り得る」ことを確信することによってよき日を実現することが可能だとみた。だからこそ、「吾々は必ず怯懦《きようだ》なる行為によって、祖先を辱《はずか》しめ、人間を冒瀆してはならぬ」のだ。この言葉は部落解放運動がその出発にあたってあらかじめ置いた試金石だといってよい。

われわれは、絶えることのない賤視と迫害、屈辱を通して「人の世」の冷たさを誰よりもよく知っている。また「勦《いたわ》るかのような」えせヒューマニズムが人々を堕落させたことも知っている。だからといって復讐しようというのではない。だからこそ真に「人間を勦《がん》ること」がどれほど人間にとって大事であるかを知っているが故に、「心から人生の熱と光を願求礼讃《ぐ》する」。冷たさと闇にとざされた「人の世」を変え、「人の世」と「人間」に「熱と光」をもたらしたい。水平社はこの願いのなかから生まれたのだ。

水平社は部落の解放だけでなく、そのことを通して「人の世」と「人間」すべてに生きる熱情と光明をもたらすために奮闘したい。西光は宣言を「人の世に熱あれ、人間に光あれ」と結んだ。

呪詛《じゅそ》と絶望

創立大会が終わった後、岡崎公会堂では各地の代表者がつぎつぎと思いのたけを話した。子供も婦人も演壇に立った。このとき平野小剣は母親の臨終にふれた。これを報道した『水平』第一号には「自身の生ひ立ちを述べ、母の臨終に及び、悲しい、痛ましい、母の遺言は『世の中を呪《のろ》へ』それであった。母は私に反逆児になれと云って死んだ。私は母の遺言通りに、生きて行く。臨終の床《とこ》の母の姿を想ひ起す時、私の胸に反逆の炎は燃えさかる」とある。この遺言はひとり、小剣の母親だけのものではなかった。部落に生まれた、ただそれだけでうとまれ、賤視され、軽蔑される。そうした世の中に対して諦めるのでなければ、憎悪と呪詛《じゅそ》しかなかった。容易に憤りを噴出させることができないかぎり、憎悪と呪詛は積りに積っていたといってよい。

また、同号には秋村生の「穢多の名に泣きて」と題する詩が載っている。「おのづから／すさびゆくなれ／容《い》れられぬ人の世なれば／にくき世なれば／太陽も／ほろべ人の世もほろべ／かくて我等も／ほろぶべきなり」。これだけの短い詩だが、太陽もほろべ、人の世もほろべとの絶唱には部落に生まれた悲しみと絶望がはかりしれない深淵のなかにしめされている。編集委員のひとりとして、この詩に接したとき、西光にとってとても他人事ではなかった。前途を部落民だということで鎖《とざ》された青年の悲しみは昨日までの西光のそれでもあった。

『白樺』に代表される当時の人間肯定の文学や大杉栄の主張する個我の確立と「生の拡充」がさかんにとなえられる時代の風潮のなかで、宣言をつらぬく人間へのふかい信頼と人間への愛もそのひとつだった。そこには彷徨のなかでの西光の思想遍歴のあとがうかがえる。だが、大切なのは、

水平社宣伝演説会壇上の西光万吉　京都市東七条、1923年1月14日

この宣言が部落から発せられたという事実である。不条理な部落に対する差別。平野小剣の母が臨終にさいしてこの世を呪う言葉を残し、秋村生と名のる青年が絶望を詩にしないではおれなかったところであった。呪詛と絶望、西光自身が味わいつくしていた。そこに住む人々が「人の世もほろべ」と憎しみをあらわにしても不思議ではない怨念《おんねん》の世界であった。西光は、その場から、それを逆転させて「人の世に熱あれ」の声をあげた。まさしく、呪詛と絶望の底から佐野の論文に触発された西光は希望と人間賛歌をうたいあげたのであった。

演説——舌端《ぜったん》火を吐く

創立大会の直後に開かれた協議会で中央執行委員長に南梅吉を選んだ。その後、南の指名で西光は、阪本清一郎、平野小剣、近藤光、泉野利喜蔵、桜田規矩三とともに執行委員となった。全国水平社の創立以後、全国各地に水平社が組織されていき、一年後には三府五県、六〇水平社におよんだ。

西光は一九二二年三月九日、生家の西光寺に六〇〇名を集めて開かれた奈良県最初の水平社の宣伝演説会に阪本、近藤らとともに弁士として演壇に立った。その後、四月には京都府水平社、三重県水平社、五月には奈良県水平社の創立大会が開催されるが、いずれも西光が出席し熱弁をふるった。こうした大きな集会だけではない。奈良をはじめ、大阪、京都、和歌山、兵庫とさまざまな地で開かれる水平社の集会に西光のすがたが見られた。

木村京太郎は四月一三日奈良県南葛城郡大正村小林の光明寺で開かれた水平社の宣伝演説会ではじめて西光に会った。小林は木村の住む部落である。ここでは木村は青年団長として会の司会をつとめた。弁士は西光のほか南、阪本、米田、駒井喜作に婦人代表の中西千代子、少年代表の山田孝《こ》野《の》次《じ》郎《ろう》らで、聴衆は約六〇〇名であった。

木村の記憶によれば、「そのときの西光さんの演説は実に舌端《ぜったん》火を吐くという形容詞そのものであった」という。あとでくわしくみることになるが、西光はこのとき仏教の経典にあるビルリ王の物語を取り上げた。インドにあったコーサラ国の王子ビルリは、母親が賤民である旃陀羅《せんだら》の出身であることを理由に、幼いときに釈迦国で侮辱を受け、王になったのちに復讐をとげる。旃陀羅とはインドにおける最下層のカースト、チャンダーラの漢訳である。卑しく汚れた身分とされている。「この物語りを話す西光さんは〝ビルリ、旃陀羅の子ビルリよ、おぼえてろ、おぼえておけ、わすれるな、だれがゆるしても旃陀羅は、その宿命というものからゆるされることはない。旃陀羅の子ビルリよ、おぼえてろ、忘れるな……〟といった侍臣の言葉を、呪いの炎のように吐き出されるのであった。西光さん自身を死の寸前まで逐《お》いやった差別の苦痛を、ビルリ王物語りを通して、同じ差別に悩む私たちに訴えられるのであるから、聴くものも熱狂して『そうだ、おぼえてるよ、忘れるもんか』の声が聴衆の中から湧《わ》き起り熱狂せんばかりになった。私はこの西光さんの演説をきいて、非常に感激し、興奮したことを今もなお忘れることはできない」（『水平社運動の思い出』下）。木村はそのときの熱い思いをこのように書きのこしている。

五月一〇日、八木町の戎座で開かれた奈良県水平社結成大会での西光の演説も木村はよく覚えている。演題は「歴史は解放の過程」であった。「マルクスは〝共産党宣言〟の冒頭で『在来一切の社会の歴史は、階級闘争の歴史である』と喝破《かっぱ》した。私はいいたい、『人類の歴史は解放の過程である』と。そして、五〇〇〇年の昔ナイルの流域で、巨大な金字塔下に鞭打たれつつ苦役させられていたエジプト賎民の嘆きを語り、また三〇〇〇年の昔、ガンジス河流域のカビラ城下で釈迦《しゃか》族をみな殺しにしたコーサラ王にして賎民の子であるビルリの呪詛《じゅそ》を痛ましくも生々しく昨日のように話され、今なおわれわれを虐《しいた》げる見えざる鞭、見えざる鎖は、すでに六〇〇〇年前メソポタミアのパンジャブの渓谷を賎民の血をもって染めているではないか、ローマにおけるスパルタカスの叛乱、近くはフランスのパリ・コンミューン、さらには現在におけるロシア労農革命は何を物語るか、時代は移る、幾百年にわたって、賎民としてさげすまれたわれわれの上にも、今、千年来の血と涙で染めあげられた荆《いばら》の旗を高くかざして、終りに近づく人類前史のたそがれ、新らしい夜明を待つ曠《こう》野《や》にひるがえっている。三百万の兄弟よ、われらにも時がきた」と西光は説いた。そして、最後にマルクスの「プロレタリアは自分の鎖より失うべき何ものももたない。そして彼らは獲得すべき全世界をもっている」を引用して「われわれ部落民は差別の鉄鎖、迫害の桎梏《しっこく》より失うべき何ものをももたない。そしてわれわれは、平等の社会を建設する自由を持っている。われわれは声高らかに叫ぶ、全国に散在する特殊部落民よ団結せよ」とうったえたのであった。

この演説について木村は「西光さんのこの格調の高い演説は、天からの声のように会場に浸透し、聞くものをして感奮興起せしめるものがあった。水平運動が短い期間に、燎原《りょうげん》の火のように全国に燃え拡がったのは、西光さんらの烈火の弁、これに呼応して奮起した多くの仲間の火の如き行動の力によるものであった」という。木村はこの大会で全国水平社の地方委員に選ばれ、その直後、大正村の小学校でおこった差別事件を糾弾して逮捕されるが、獄中において「西光さんの演説が私をはげまし、勇気づけることの大きかったことを、今もなおしみじみと思いうかべるのである」と書いている。終生、部落解放運動にたずさわった木村はこのとき七一歳、昨日のように半世紀前の西光の演説を覚えている。それほどに西光の演説の印象はつよく、また影響をあたえた。しかも、木村ひとりにとどまらなかったのである。

荊冠旗——受難のシンボル　一九二三（大正一二）年三月に前年とおなじく京都の岡崎公会堂で第二回全国水平社大会が開催された。その模様を報ずるなかで、京都の『日出新聞』は「演壇背後には先端を斜《なな》めに切った青竹を旗竿として例の荊冠旗《けいかんき》が三十幾旒《りゅう》ズラリと推し並べられ団結の威力を示し」ていると伝えた。黒地に赤い荊《いばら》の冠が描かれたシンプルな旗である。部落解放運動のシンボルとなった荊冠旗の登場である。この旗は西光がデザインした。これに託された意義は、西光自身が執筆した、この大会のよびかけの文章に明らかである。「真黒の中に血の色に染め出された荊冠の旗幟《きし》こそ、実に吾等の受難と殉教の表徴でなければならぬ」。いうまでもなく、「荊冠」とはイエスがゴルゴダの丘で処刑されるときにかぶらされていた荊でつくられた冠であり、一切の人類の罪を背負った「受難と殉教」のシンボルであって、水平社の運動に託した西光の思いをあらわしている。

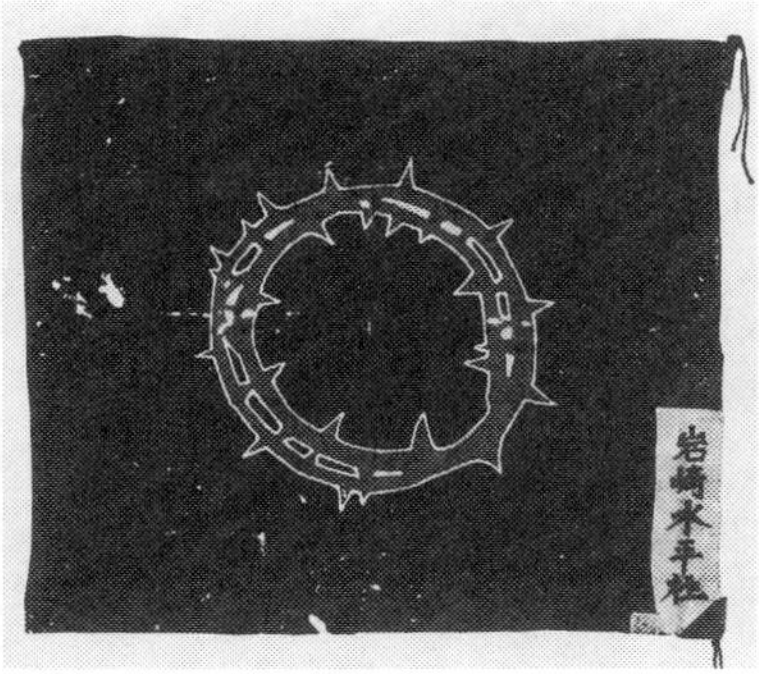

荊冠旗

このよびかけにはまた「恰《あたか》もエヂプトに於ける賤民がその桎梏《しっこく》より脱せんとして昼は雲の柱に夜は火の柱に導かれてバラノンの広野を進軍したイスラエルの民を偲ばせる」とあり「広野は雲に続き誓約の聖地カナンは遠いけれども吾等の行進曲は弥々《いよいよ》勇敢に高調される、歴史は解放の過程である」とも書かれている。全国水平社が創立されてから一年、各地に水平社がつくられると同時に当局によってつぎつぎに同人たちが逮捕され、獄に送られていく状況は、西光にとって『旧約聖書』の「出エジプト記」に等しかった。迫害に苦しむイスラエルの民が、モーゼにひきいられてまずエジプトに逃れ、さらに荒野をさまよったあと、遂に約束の地カナンにいたる物語であり、水平社のあゆむ道はかならず解放にいたるが容易ではなく苦難にみちみちていることを比喩したものであった。当時、西光はマルクス主義にひかれながら、現状をみるにはむしろ聖書の叙述がふさわしかったのだ。

のちに西光自身つぎのように書いている。「荊冠旗は私の発案で、黒地に赤い荊《いばら》の冠で余り気味のよいものでないばかりか、その旗竿を、先きを鋭く斜《ななめ》に切った青竹にするというのだから、甚《はなは》だ物騒であった。しかも、伝えられる黒地に白い骸骨を染抜いた海賊旗以外に、こんな旗は世界中にも類がない。しかも、旗竿は必ず生々しい青竹の竹槍でなければならぬ。これは当時の私達の、陰惨な受難殉教の気持ちをそのまま表現している。この旗を見ずして水平運動は語れない。まさしく、小さい星の一つさえない此旗は、絶望的にさえ見えるにもかかわらず、血みどろな人間が、まだ殺されずに生きている、しかも立上がろうとする。そんな気持ちが、この旗を考案させた」(「青竹の荊冠旗」前掲)と。文中に「小さい星の一つさえない」というのは、戦後に部落解放運動のなかで用いられている荊冠旗には星がつけられているのをさしている。

この時期、西光が水平社の運動にみとめたのは、神の栄光をあらわすために選ばれたユダヤの民やイエスにひとしく受難であった。一九二二(大正一一)年一月一四日、奈良県生駒郡三郷村立野での演説会では会場の称名寺が使用禁止となった。ここで西光は「穢多と云はれた気持は穢多でなければ判らないのだ。我等の運動は斯《か》くして不正を矯《ただ》す為の運動であるから、腹に力を入れて、此天然界の苛責より脱しようとするに百万以上の犠牲者を出さないでは措《お》かないのである。親鸞上人の教は斯の如き『生温い』念仏ではない。血の滴《したた》る様な念仏であったのである。此の教に対して寺を貸さないような寺ならば焼いてしまえ」と演説し、臨監の警官に中止を命ぜられた。

親鸞ブームと大谷尊由

一九二〇年代のはじめ、全国水平社が誕生したころは、親鸞をあつかった倉田百三の戯曲『出家とその弟子』（一九一七年刊）が爆発的に人気をよんでベスト・セラーとなったほか、親鸞を主人公にした戯曲や小説が数多く出版され、親鸞ブームがおこった時期でもあった。大正デモクラシーを背景に人間いかに生きるべきかのテーマのなかに親鸞は位置づけられた。このような親鸞の流行を、親鸞の法灯を数百年にわたって守りつづけてきたと自負する本願寺はこころよく受けとめなかった。教義そのものが乱されることにつよい危機感をいだいた西本願寺の連枝大谷尊由は『親鸞聖人の正しい見方』を著わしてひろく世にもてはやされている親鸞像をあやまっているとして批判した。わかりやすい文章で浄土真宗の教えを説き、もう一度、親鸞を文芸の世界から法城に取り戻そうとしたのであった。

その尊由は倉田らの作品を取り上げたばかりでなく、全国水平社の運動にもふれた。宗教のうえでは部落には浄土真宗に属する場合が多く、さきに見たとおり、創立大会でも東西両本願寺の水平運動への協力をもとめることが決議され、西光をふくむ幹部が両寺につめかけたほどであった。このとき西光が「若し本願寺が親鸞の心を以て差別撤廃に尽していたならばかかる必要はない」と述べているのは本願寺に対する期待と批判を示すものであろう。これを報道した『中外日報』（一九二二年三月五日）は「真宗の根本精神よりすれば深き同胞愛によって水平社と進退を共にして正しき生活権を獲得するより外はない」と西光の説に共鳴した。ここで「親鸞の心」とは、おなじ念仏をとなえて道をもとめる人びとをすべて御同胞、御同行として平等に捉えた精神をさしている。本願寺にはかんじんのこの「親鸞の心」に欠けていると批判したのであった。

尊由が取り上げたのもこの点であった。

尊由は「平等思想」はなにも親鸞だけのものでなく、大乗仏教の考えそのものであって「法性平等、迷悟一如の哲理」や「草木国土悉皆《ことごとく》成仏」の経典の言葉に示され、「猫も杓子《しやくし》も平等なんでありますす」という。しかし、その平等がいきなり現実にあらわれるのでなく、現実は「差別相」にみちみちている。大乗仏教では「現実の差別相」を重視する。そして「現はれて居る差別は現象に過ぎないが、さりとて斯くあるべき原因によりて斯くあるので、原因の消滅を条件とせざる限は、その結果たる差別を無視する訳には行けない」と述べ、ここに「法性平等、迷悟一如の平等が、種々の原因に誘われて現実の差別を現はして居る理由がある」と説く。その「差別相」を無視して、いきなり「平等」をもとめるのは「哲理的に名づくれば偏空論で、平等に偏った謬見《びゆうけん》」だときめつけ、「幾千年の血族や地域の関係が原因となりて、自然の結果に成り立て居る国家や民族の区別を一挙に壊そう」というのは「偏空論」であって、「自然に成り立てる差別は差別として、其の上に人類平等の理想を実現」するのが本筋だと主張した。

「差別を生ずる総ての原因を消滅し尽すことは人間の社会では到底望まれない、随って差別相も消滅しない、平等相に即して差別相を認め、差別相に即して平等相を、認むる、此に社会問題解決の関鍵が見出されるのであります」と結論づけた。尊由が示した「社会問題解決」のかぎとは、観念の持ちようにあるのであって、差別撤廃などをもとめる運動を親鸞の名においてすすめようとするのは間違っていると非難していることは明らかであった。このことは、西光らがもてはやす「御同胞主義」とは「之を法悦生活の上に体験せねばならない、社会改造の基調などに引き付けるには、余りに尊と過ぎる」と非難するところに端的に示されている。「法悦生活」とは「師ではない弟子ではない、共に泣き共に喜ぶ同じレベルの友達」として念仏につとめることをいうのである。

西光の批判　西光は尊由の主張を見逃さなかった。「業報に喘《あえ》ぐ」と題して『中外日報』紙上（一九二二年一〇月六日から一二月二七日まで）に一一回にわたって批判を連載した。この論文は西本願寺の末寺に生まれ、僧籍ももっていた西光が教団から離れ去った論理を明らかにしたものとして注目される。

「エタ」と嘲笑されたために九歳の児童を殴打して検事局に送られた四〇男がいた。西光は「この業報にあえぐあわれな兄弟」であるこの男がとった事実、現実をあげ、凝視するようううったえる。親鸞の思想を「この業報にあえぐ」ところからとらえようとしたのが西光であり、この指摘は西光の尊由批判の立場がどこにあるのかを示している。西光は尊由が「業報にあえぎつつ白道をすすむ人間」をまったく無視して議論をすすめている点を、まずテーマとして示したのである。とはいえ、西光はこの立場性だけを主張したのではなかった。

西光が尊由を批判したのは尊由の論理であった。

ある原因によってある結果を生じる。尊由はこの両者を「自然の結果」とか「自然に成り立てる」とか、「自然に」と直線的につないでいるが、西光はこの因果論を他でもなく「近代的の見地、現代の科学が物事をあてはめて考える原因結果の範疇《はんちゅう》」に属するととらえた。近代科学の方法によれば、すべてをこの範疇でとらえ、解剖し、分析しつくさないではおかない。しかし、この方法では「彼らは、部分部分を見て全体をすっかり見落としておる。その盲目さかげんは驚嘆に値する位だ。ところがその全体は以前と同じように厳然とたってい」ることがわからないでいる。つまり、西光は尊由の論理は部分をとらえることができても全体をつかむことができないとみたのであった。ちなみに、この引用はドストエフスキーの『カラマゾフの兄弟』に登場するパーシイ主教の言葉であり、科学的研究によって聖書に記載されている事柄は実証的に明らかになったが、しかしそれによって聖書の神聖さをいささかも減ずるものではないというのである。西光は部分のみをクローズ・アップさせても、生きた全体を見出すことは不可能であるとみて、尊由の見方がそれにあたるととらえたのであった。

西光にとって我慢ならなかったのは尊由の「自然に成り立てる差別は差別として」と差別を肯定している点である。いまみたとおり、尊由は「原因」と「結果」を直線的につなぐ。「自然に」とはその見方をさしているが、ここに抜け落ちているのは人間の働きだと西光はいう。しかも、この考えをようやくマルクス主義に傾倒しはじめた河上肇《はじめ》が紹介したロシアのマルクス主義プレハノフの主張から引き出したのであった。「歴史は人間によってつくらるるものであり、したがって個人の生活は必然的にこれに影響しなければならぬ」という機械的進化論者を批判したプレハノフの言葉を引き、プレハノフが進化論者を批判して「個人を以つて――無視し得る数量――と考えている」と述べたところを強調した。そして、差別の成立にもまた解消にも働いているのは「人間の力」であり、そこには「無視し得ない数量だけ含まれている」とみた。西光は時代を動かすものはこの「無視し得ない数量の目的を意識せる人々の力」であって、差別はその力によってなくさねばならない。尊由のように観照の世界のなかで構えるのではなく、「吾等はあくまで吾等を迫害し侮辱し残虐する差別相を消滅せねばならぬ」のである。

尊由は、親鸞の同朋主義を「社会改造の基調などに引き付けるには、余りに尊と過ぎる」と主張し、「法悦生活」にひたることが肝心だと説いた。いわば意識のありよう、心のもちかたの重視である。しかし、西光はこの説は一面だけの強調にすぎないと批判した。しかも西光は、マルクスの「人類の意識がその存在を決定するにあらず、社会的存在がその意識を決定する」（『経済学批判序説』）の言葉に、親鸞の「よきこころのおこるも、善業のもよおすゆえなり。悪事のおもわせらるるも悪業のはからうゆえなり」（『歎異抄』）の言葉をダブラせて引くことによって批判をすすめた。意識あるいは精神を超える存在、マルクスが「社会的存在」といい、親鸞が「宿業」と述べたところが、尊由の主張に欠落していると西光はみた。このような関係を見落とすことによって、尊由は「毎に同朋主義を偏狭にして悪平等的な利己主義の祭壇に祭り込んでしまう」こととなり、「司祭者は毎に社会制度を肯定している、そしてあくまで外に向ってそれを利用し掠奪せんとする貪欲者であって到底反逆者ではない」と手きびしく論難した。

西光は水平運動に参加するのは、社会改造という他律的な動機ではないとくりかえし述べた。動機とは「私自身が余りに崇と過ぎる程に生きねばならぬから随《したが》って此最高の実在の為にはそれを為さずには居られないから」であり、「生の拡充は必然的にそれを為る」という。「生の拡充」とはアナキストの大杉栄がしきりにとなえたところだが、西光は「客観的にはそれが善であるか悪であるかは知らぬが、生の拡充は客観的論理を超えた善である」ととらえた。そして「生の拡充」を出発点とする社会的な活動がけっして尊由がいうように「法悦生活」と対立するものではなく、そのなかに「法悦境」が存在するのを見出したのであった。

そして「それ（生の拡充）は『善人なほもて往生をとぐいはんや悪人をや』の願力不思議である。因果的必然は私をして水平運動に参加せしめた。『兎の毛羊毛のさきにいるちりばかりもつくる罪の宿業にあらずといふことなし』と知らねばならぬに拘らず、私に為せてくれた――させてくれた――そこに私の喜びがあり感謝がある。自己の小さな力が大きな願力に乗せられた法悦境を行く、私にゆるされたる世界そこに実行が燃え、私の許す世界、そこに観照が流れる」というのである。

西光にとって、尊由は親鸞の精神にはずれて「宗教を現世から余りに崇と過ぎる程に引き離さんとし、人間生活の基調となるべき宗教を唯心の檻へ押し込まんとする宗教家」であり、「全体」をみようとしない「偏空論的宗教家」であった。そこに尊由だけでなく、本願寺という教団の核心を見出したのである。西光は尊由批判をめずらしくマルクス主義の考えかたをかりて展開している。この文章を西光が「吾等に要るものは真に親鸞の魂に燃えた信仰の焔である。その正邪、善悪の何物をも焼きつくす業火の中に開く超倫理の精華である。人は永劫に闘ひ、人を殺すであらう。しかもこの精華あるが故に人世は暖かく潤ふ」で閉じているのは、本願寺教団からの決別を示すものでもあった。

戯曲「毗瑠璃王」・「浄火」と「天誅組」

文筆に長じた西光は数多くの戯曲を書き残している。ここでは初期の作品を三編取り上げることにしたい。

一九二三年一〇月、西光は『戯曲二編　毗《び》瑠《る》璃《り》王　浄火』を中外日報社から刊行した。西光にとってはじめての出版であった。二刷以後は『浄火』と改題されている。この本を出版した動機はこうであった。さきにみた全国水平社第二回大会で西光は糾弾事件で逮捕された木村京太郎らを「名誉ある囚人、われらの尊い犠牲者」と紹介した。この言葉が犯罪人を賞賛したとして西光は治安警察法第九条によって罰金五〇円を科せられた。収入のない西光はこれを支払うことができなかった。見かねた友人の三浦大我、荒木素風が西光の書きためていた作品の出版をすすめ、中外日報社がこれを引き受けた。罰金をつくりだすための刊行だったのである（木村京太郎『水平社運動の思い出』下）。

西光万吉の最初の著書

「毗瑠璃王《びるり》」は、『増一阿含経』など仏教の経典に載せられている物語をもとに創作した作品である。西光が母親が賤民である旃陀羅《せんだら》の出身ということで差別された経験をもつビルリ王につよい関心をもち、しばしば講演のなかで取り上げていることはすでにみた。このビルリ王の物語を六幕の戯曲に仕立てたのであった。

コーサラ国のビルリ王は、まだ王子であったとき、シャカ国において母の王妃が旃陀羅の出身であったことを理由に侮辱された。差別を受けたビルリの心の傷は深い。一〇年後、父の王が死ぬ。兄のギダ太子をおいて王位につくのか、それとも王位をあきらめて恋人アプサラのもとに生きるか、ビルリは思い悩む。母の王妃はビルリが王となることなく、釈迦の教えに従って生きることをもとめる。

しかし、ビルリは決断して王座についた。ビルリの決意をうながしたのは、かつての差別に対する怨念である。王となったビルリは戦闘を準備し、一度は釈迦の警告によって兵を引きあげるが、ついにシャカ国に攻めこみ、軍勢をひきいる大将ダルバは生き残った女たち一万五千人をも殺害する。復讐はなしとげられた。

だが、ビルリの心は暗い。釈迦が暴逆をあえてしたビルリが破滅すると予言したその日、ビルリは運命を避けようとして船に逃れるが、アプサラとギダ太子の死、ダルバの謀反の知らせを受けるなかで、シャカ軍の攻撃によって死ぬ。

「毗瑠璃王」のあらましはこのような悲劇である。

のちに西光は、この作品では、差別に対する憤りというものは、釈迦がビルリ王に対して復讐をやめるよう求めても聞きいれなかったほどに強いことを描いたと述べている。だが、この作品は差別への闘いを劇化したものでは全くない。木村が演説のなかで受けとめたようなビルリ王（本書五二ページ）を戯曲にすれば、差別撤廃の運動をはげまし、運動に役立つプロパガンダ劇となっただろう。けれども、この作品にはその片鱗もうかがえないのである。くりかえしビルリ王が述べる「暗い」の言葉、ことに最後の場面で死を前にしてビルリ王が闇をつらぬく電光と雷鳴のなかで四度もくりかえす「暗い」の言葉は、ビルリが選んだ王座につくという世俗の権力への道は破局しかないことをしめしている。

たしかに、シャカ族のビルリに対する差別が悲劇の大本である。だが、西光は、ビルリに王への道を択ぶことをそそのかし、またシャカ国との戦争にかりたてた人物は賤民であり、母の王妃の弟であったと設定している。つまり、直接悲劇をビルリにもたらしたのは旃陀羅の身分の叔父であったのだ。西光はビルリ王の悲劇を、旃陀羅とシャカ族、被差別と差別の単純な二項対立の図式によって描いたのではなかった。結末はまさしく「暗い」のである。

「浄火」は一九二〇年代のはじめの「大都市に近く、水平社のある大部落」を舞台とした一幕物の現代劇である。この戯曲も米騒動を軸におき、争議や組合の結成などの社会運動をバックにしながら、プロパガンダ劇ではなかった。米騒動に参加して懲役刑に処せられた甚三が刑をおえて帰宅したら、生活のために身を売っていた女房のおきしが「生れつき頭部も顔面もただずべら」とした善六に心を移しているのを知る。売春はかまわないが、そこに芽生えた愛に甚三はなやみ、おきしにつらくあたり、密会の場所だった地蔵堂に火を放った。西光はこうした設定のもとに、おきしを善六に結びつけたのが、おばんとよばれる善六の養母の善六に対する無償の行為と祈りに対する、おきしの感動だったことを描いたのであった。西光は真に人を動かすのはなんであるかを創り出そうとしたといえる。

「毗瑠璃王」も「浄火」も舞台にかけられなかったが、その後書き上げた二幕物の「天誅組」は、一九二四（大正一三）年に、沢正で知られる沢田正太郎がひきいて第二新国劇とよばれた新民衆劇団によって神戸、大阪、京都で上演され、大衆演劇の代表となった新国劇の出発をかざったのである。

天誅組とは、幕末に幕府を倒し、天皇をいただく政治の実現をめざした勤皇諸隊のひとつで、激派の公家中山忠光を盟主とした。一八六三（文久三）年八月一七日、孝明天皇の大和への行幸計画に呼応して大和の五条代官所を襲撃して代官鈴木源内たちを殺害したが、計画の中止によって蜂起《ほうき》は失敗に終わり、同志の多くは処刑された。五条は西光の故郷柏原に近く、天誅組の落武者を北方の部落がかくまったとの伝承もあって、西光自身、天誅組に親近感をいだいていた。

この戯曲のなかで天誅組の幹部藤本鉄石が「およそこの天《あま》が下《した》、地の上に住む者は、皆神の子に相違ない」のに、今の世は権力、金力のあるものは思いのままにふるまって神をおそれないと非難するのは、西光の時代に対する批判を託したものといえるだろう。しかし、西光の「天誅組」は、この場面を劇中のエピソード以上のものとはせず、アジテーションのための劇に仕立てはしなかった。

戯曲では天誅組の代官所襲撃を舞台としているが、襲撃された代官所の侍木村祐二郎と身重の妻ゆきを主題としている。祐二郎は刺されて昏倒し、ゆきはとらえられる。そこへ祐二郎発見の知らせがはいり、ゆきは絶望のあまり倒れてしまい、薬をあたえられてようやく蘇生する。軍勢に加わりたくも、喀血《かっけつ》して動けない天誅組のひとり竹志田隈雄がそのそばに横たわっていたが、ゆきの様子を見て「女、おまえのからだとかえてくれないか。私は起ちたいのだ」ともとめる。もちろん、ゆきは承知することなく「いいえ、私はみもちです」と断る。竹志田はさらに「腹の子のいのち」に代えても「起ちたい」とさらにもとめるところで場面は終わる。

北川鉄夫は戯曲「天誅組」を西光が「世直しの芝居、革命劇としてとりあげた」ものだという（『西光万吉著作集　第一巻』解説）。たしかに西光は、早すぎる革命としての天誅組の乱を題材としてはいるが、革命精神を鼓舞するような内容ではない。最後の場面にしても、志士のひとりとしての竹志田のもとめは残忍ですらあり、しかも死しかなく、未来は身ごもっていることにおいてゆきにそれが託されている。ここで西光がみようとしたのは革命の不条理だったとさえいうことができる。

このほか、小作争議とかかわって農村の生活を取り上げた戯曲「足」は『文芸戦線』の一九二七年一月号に発表された。同誌編集長の山田清三郎は、編集後記で西光が日本農民組合の争議部長であることを紹介するとともに「無産者文壇は、ここにまた新しき一人の有力なる作家を加えたのは慶賀に堪えない」と記しており、期待するところは大きかったのである。

「足」と、ここでみた三編とは、いずれもその題材からいって革命運動、差別撤廃運動、農民運動などの運動を勢いづけ、はげます宣伝劇としてつくりあげることが可能であった。しかし、西光はそうはしなかった。「毗瑠璃王」では差別による悲劇を差別、被差別の双方の側から描き、権力による解決は破滅しかないことを描いた。また「浄火」では愛の不条理を、「天誅組」では女性のもつ力、未来性を示した。三つとも悲劇であるが、西光の追求したのはほかでもなく人間の悲しさであって、水平運動、農民運動のいそがしさのなか、西光がもとめたのは人間とはなにか、という課題だったことをわからせてくれる。

農民運動から政治闘争へ

西光は水平社の運動をすすめると同時に、やがて農民運動や無産政党運動に従事した。「翌（大正）十二年春頃から水平運動に従事する傍ら日本農民組合に関係し、郷里柏原にある農民組合柏原支部の書記を勤め、大正十四年には農民組合の中央委員となり、労働農民党の組織されるに及んで、同党の中央委員となり、翌十五年夏頃農民組合本部の常任委員となって、今日に及んで居るのであります」と西光は三・一五事件の予審において述べている。どうして農民運動に参加したのだろうか。この点について西光自身、その後「私は水平社創立後、まもなく農民運動に移った。それはもとより封建的な農民の生活と観念が変わらぬかぎり、われらに対する賤視差別も消えないからである」（「略歴と感想」）と書いている。

無名の活動家と

西光はこの頃一年ばかりの間、病身で年老いた父にかわって西光寺で善男善女を前に説教を行ったことがあった。このような仕事は弟の道瑞がやっていたが、道瑞は無政府主義運動によって投獄されたため、西光がその座についた。小作争議のさかんな時で、相談にきた近内弁護士や取り締まりのための警察官も同席したという。「さてありがたい法座も果て、参詣の衆も称名《しようみよう》（南無阿弥陀仏ととなえること）とともに帰途につくと、警察の人も安心して帰ったあとで、愚僧も寝ようかなと思っていると、近村の組合から『明日は立毛《たちげ》差押えらしいから、夜中に稲刈りしたいから応援せよ』と動員がかけられて、村の組合の人々とともに出ていきます。すると、新聞がおもしろがって、『説教中に争議の知らせをうけ、高座から飛びおりて、ケサやコロモを脱ぎすて、争議現場へ一目散』などといさましい悪僧ぶりを書きたてます。警察の方でも『生臭《なまぐさ》坊主にしてやられたか』と憤慨したもんですが、愚僧がそんな演出をしたことはありません」。

これは後年、西光が「農民運動の思い出」という文章で紹介したものであるが、そこには、りんさんとへっぷんとよばれた農民組合柏原支部の活動家駒井林造と中林平吉のふたりの思い出も記されている。「まずしくて真正直でしんせつなりんさんは、杉山元次郎様や賀川豊彦様を神様のように想っていたようです。そして、やがてくる地上天国を夢みて、実に献身的に、時には狂信的に、組合の宣伝や用事に走りまわりました」とあり、「素足《すあし》にわらじばきで、酒のはいった水筒をかけて、弁当を腰にゆわえて、青い竹槍を旗竿にした赤い組合旗をかついで、ただ、それだけで生きているように歩いていくりんさんや、それにつづくへっぷんの姿は、今も目の前に見えるようです。ところが、どこかの争議かデモの時に、ついに警察からの命令で、その先を切らされました。私はあとで聞きましたが、その時の写真を見ても、りんさんの気持ちがでています。農地改革を見ずに、まずしい生活のなかで死んだりんさんたちのことを想うと、私はやはり悲しくなります」とある。

西光の思い出をここにあげたのは、エピソードをしめすためだけではなかった。西光が農民運動のなかでもっとも惹《ひ》かれたものがなんであったかがよくあらわれているからである。地の底をはうような小さな支部の活動家に秘められた精神と決意と行動、西光のまなざしはそこに置かれていた。いわば、無名の人々にその目がそそがれていたのである。

楽しい生活でなく働きがいこそを

一九二五（大正一四）年一月、奈良県水平社は『水平リーフレット（一）』として『小作人は農民組合を作りなさい——鋤造と鎌作の対話』を発行した。筆者は西光である。当時、農民運動とはほとんど小作人の運動であった。小作人とは鋤や鎌などの農器具は所有するが、田畠は小作料を支払って地主から借用している農民をいう。小作料は高市郡金橋村を例にあげると反当たりの収穫平均二石七斗に対して一石四斗ないし六斗で五六パーセントの高率であった。つまり小作人は米をつくっても半分以上を小作料として地主の屋敷にはこばねばならない。だから、小作人は裏作の麦を主食としなければならず、また凶作となれば自分でつくった米をほとんど口にすることができなかった。このため、小作人は団結して、地主に対して小作料の軽減などをもとめて闘わないかぎり生活をまもることができなかった。はじめのうちは、寄合を開いて交渉するが、やがて小作人組合がつくられ、さらに日本農民組合がつくられて以後は、農民組合に結集して組織的に闘うこととなる。西光が執筆したリーフレットはそのためのものであった。

スキ　時に、あんたの方の小作料はきまりましたか。

カマ　さあ、それがどうも困っているのさ。地主たちがとてもガンコでな。今年だけは特に二割だけマケてやる、それでイヤなら、田地を返せというのだ。わしらも、いっそ返してしまおうと思うが、サテ、それでは、いっそう困るからな。

スキ　まったくですよ。田地を返してよいような暮らしむきなら、べつに小作料なんかマケてもらわなくてもすみますからな。

カマ　そういや、そんなもんだ。けれども地主の方では、そう思ってくれないので。

スキ　だから、わしらはお互いに小作人組合を作るのです。

これは、書き出しの部分だが、きわめてわかりやすく、小作農民の生活に即して記されている。ここには、かつてゴーリキーやロマン＝ローランらからの引用を散りばめた文体は全くかげをひそめている。そうした主張など、農民たちはなにもひっかけないことを知ったからだ。農民たちと接するなかで西光の主張のスタイルそのものが変わっていった。とはいえ、ただ単に農民たちの生活をよくしたいという願いを引き出し、その実現をめざしたのではなかった。

『小作人は農民組合をつくりなさい』の終わりの節には「お金あってのお米でない」とあって、こう書かれている。

カマ　だからどうしろ、というのだ。どうして金を儲けるのだ。

スキ　お金を儲けてどうするのです。

カマ　りっぱな楽しい生活をするのさ。

スキ　さ、その考えがイケナイのです。もちろん、今の世の中は一にも金、二にも金、三にも金です。でもね、鎌作さん、トックリものを考えてごらんなさい。いくら金の浮き世でも、お金を食べて生きられますか。してみれば、つまりお金が重宝なのも、そのお金で買うことのできるお米があるからではありませんか。そこでわしらはハッキリと、お金あってのお米ではなく、お米あってのお金だということを考えねばなりません。お金つくるよりもお米をつくれ。佐渡の土では生きられぬ。

カマ　いかにもそのとおり。けれども、わしらはどうなるのだ。

スキ　農民組合をつくるのです。そして、それほど大切なお米をつくっている者が、働きがいもなく生活していかねばならぬ世の中のマチガイを、正さねばなりません。そして、真にわしらの働きがいのある、りっぱな世の中にすることです。

このとき、西光は米づくりを重視する立場に立っていた。そこから、小作人が農民組合をつくることをすすめるのだが、それが「りっぱな楽しい生活をする」ためではないことに注意をはらうことが大事だろう。そうではなく、汗水たらして働きながら日々暮らしていくことが困難であることにみられるような「世の中のマチガイ」を正すことが農民組合の目的だという。そのことによって「真にわしらの働きがいのある、りっぱな世の中」の実現をめざしたのであった。

奈良県における小作組合は、一九二三（大正一二）年には七、二四年には一二、リーフレットの発行された二五年には五八、二六年には飛躍的にのびて一二八、二七年には一二五、二八年には一〇六であった。同じ時期の小作争議件数は一九二三年が一五、二四年二〇、二五年四三、二六年に二〇九、二七年一四三、二八年七四であって、二六年はピークに達している。これを紹介した『奈良県農民運動史』によれば、一九二二年には日本農民組合が発足して以来、県下の小作人組合は同組合にぞくぞくと加盟したというから、この小作争議の展開は農民組合の指導によるものといってよい。組合づくりにあたって西光の『小作人は農民組合をつくりなさい』は大いに役立ったにちがいなかった。

西光がこのリーフレットをつくってから、すでに四分の三世紀がすぎている。今はもう小作人が団結して農民運動をおこす時期はとっくの昔に終わってしまった。しかし、戦後、今にいたる部落解放運動にせよ、労働運動にせよ、ここで西光がつよくいましめた「りっぱな楽しい生活」をつくりあげることを至上の課題としたのではなかったであろうか。このことによって日本経済の高度成長をめざす企業、経営者のよきパートナーとして生活水準を高めてきた。しかし、その結果として西光がめざした「真にわしらのはたらきがいのある世の中」からもっとも遠い場所にきてしまった。あとは野となれ、山となれというよりも、高層のコンクリートの廃墟が酸欠の空気のなかに林立する光景が予想される現在、それがなにによってもたらされたかを西光は遠い昔に警告しているように思えてならない。

日本共産党に入党

リーフレット『小作人は農民組合をつくりなさい』の発行が一九二五（大正一四）年一月であったことは西光の活動をみていくうえで示唆するところが大きい。なぜなら、当時、社会運動は、ロシア革命を支持し、政治活動を重視するボル派とロシア革命の権力的なやりかたを非難し、政治行動を否定して直接行動をうったえるアナ派にわかれて抗争していた。この風潮は水平運動においても例外ではなかった。そして、その対立は一九二四（大正一三）年の暮れには絶頂に達し、ボル派の勢力が拡大するなかで、ボル派に批判的な南梅吉委員長とアナ派と目された平野小剣が全国水平社から事実上の除名処分をうけ、西光と親しかった米田富がおなじく譴責《けんせき》されるにいたった。

西光は、ボル派の拠点となった全国水平社青年同盟に近い立場にいたが、このような血みどろの内部対立は好まなかった。こうした抗争よりも、じかに農民と話し合い、相談にのり、ともに地主と闘うほうが気性に合っていた。この時期に西光は農民運動に活動の重点を移していったのである。水平社の内部でアナ・ボル対立の激化した一九二五年はじめにリーフレットを刊行したこと自体、水平社内部の両派がしのぎをけずって勢力を拡大している時期に西光がその争いに背をむけていたことを物語っている。

一九二七年秋、西光は日本共産党に入党した。労働農民党から奈良県会議員選挙に立候補して落選した直後であった。当時、治安維持法によって共産党は天皇制の打倒をとなえ、くわだてる政党として加入することも、援助することも禁止されていた。西光は秘密の連絡を受けて喫茶店で会った武原と名のる男から入党をすすめられた。武原とは関西地方の共産党の最高責任者だった春日庄次郎であった。西光自身、マルクス主義の正当性を信じ、さかんに木村にマルクス主義の文献をすすめていたほどであったから、「共産主義に共鳴し、その主義を目的とする日本共産党に入党することについては異存はなかった」という。しかし、弟の道瑞が無政府主義運動に関係し、懲役三年の刑が確定し、実質二年の服役ののちに釈放され、留守中にその妻が死亡したことが思い出され、ややためらった。その事情とあまり身体が丈夫でないことを春日に告げたが「其のような事は誰にでもあることだから、其れを振り切って党の為に活動して呉れと非常に熱心に勧められた」のである。そのため、西光は「其の熱意に動かされ、党員になる事を其の場で承諾した」のであった。

一九二八（昭和三）年二月、西光は清原一隆の本名で奈良県において労働農民党の公認候補として衆議院議員選挙をたたかった。はじめての普通選挙で非合法の共産党が裏で推していた。それまでの選挙では、選挙権をもつには一定以上の土地財産をもつことが必要であった。その制限がはずされたのが普通選挙である。これによって、いままで選挙できなかった労働者や農民らも男性だけに限られてはいたが、一定の年齢に達したならば投票することができるようになった。

この選挙にのぞんだ西光のポスターは古新聞に黒インキで氏名を大きく印刷された特異なものであったという（「西光万吉——人間は尊敬すべきものだ」）。有権者に配られた新聞紙大のビラも左半分には自筆で一〇駒の漫画がかかげられた斬新なものであった。このビラで西光はよびかけた。

全県下の有権者諸君！
ことに新有権者諸君！
労働農民党は私を議会につき出さうとしてゐる。そして議会で「働く農民に土地を保証せよ、労働者に飯と仕事を与へよ、凡ての人民に自由を与へよ」と主張させようとしてゐる。

私は労働者の声だ。

私は小作人諸君と自作農諸君の声だ。

私は小商人と借家人諸君の声だ。

私は部落民諸君と月給取諸君の声だ。

其の他凡ての人民の自由の声だ。

ついで、「耕作権を認めた小作法を制定せよ。肥料、農具、種子、蚕種、種畜を国営にせよ。借地、借家法を改正せよ。自転車税、荷車税、家屋税、特別地税、その他の悪税をやめよ。砂糖の税金、塩の税金、綿の税金、其の他一切の日用品間接税をやめよ。財産税、土地増価税、資本利子税、所得税は高率累進賦課とせよ。封建的賤視差別を撤廃せよ。八時間労働制を確立せよ、失業手当を支給せよ、災害保険制と養老年金制を決めよ、健康保険法を改正せよ。言論、集会、結社、出版の自由を認めよ。満十八才以上の男女に選挙被選挙権を与へよ、金持、地主のための戦争反対、兵役を一ケ年とせよ」の政綱をかかげた。

そして「私はそれ等の諸君の日常生活の不平と要求を議会で叫ぶための使者を命ぜられようとして居るのだ。私は決して諸君を偽るものではない。労働農民党の忠実なる党員として其の使命を果さうと思ってゐる」と述べ、「労働農民党の旗の下に最後まで戦ふ」と結んだ。

選挙で配られたビラ

労働農民党の政策をうったえるビラだが、このビラでも、労働者はじめ民衆各層の代表を名のるのでなく各層それぞれの「声」だといい、その「使者」として「使命」をはたそうという決意の表明に西光の面目がはっきりとあらわれている。「吾等の中へ——と云ふのを、吾等の中より——と改めねばならぬ」とかつて『よき日の為めに』のなかで主張した精神はさらにひろい民衆の政治活動の場で生かされている。しかも、選挙でのビラということで表現はきわめて平易になっているが、それだけでなく夜おそくでも小作争議の現場にかけつけるという農民らの生活に密着した生活が生み出したものであった。この選挙で西光には八、七七九票が投ぜられたが次点にとどまった。

II

高次的タカマノハラの展開をもとめて

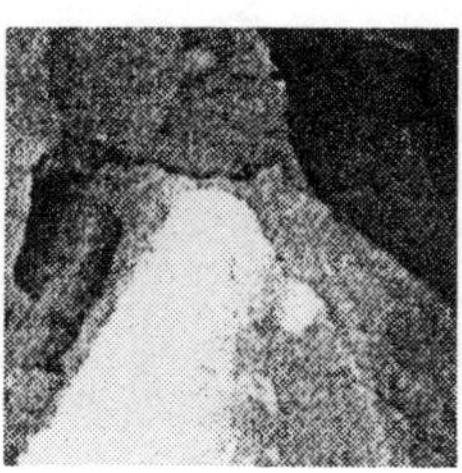

獄中にて

三・一五事件による入獄　一九二八（昭和三）年三月一五日、警察は全国一斉に、二月に行われた総選挙に「君主制廃止」のスローガンをかかげて登場した日本共産党の党員、同調者を治安維持法によって検挙した。三・一五事件である。ついで四月一〇日には政府は治安警察法によって同党の影響のつよい労働農民党、日本労働組合評議会、全日本無産青年同盟の三団体を解散させた。

これはその後、戦争体制のすすむなかでくりかえされる大弾圧の皮切りであった。総選挙に立候補して落選した西光万吉もこのとき逮捕され、大阪地方裁判所で共産党関西地方委員長春日庄次郎ら九七名とともに公判に付された。共産党に入党し、日本農民組合と全国水平社で党勢の拡張につとめたのが罪状である。求刑は懲役八年、春日らの同一〇年につぐ重刑であった。一九二九年二月一日、有罪の判決がくだった。懲役五年である。このとき春日は八年、木村京太郎は五年、松田喜一は四年の判決を言い渡され、かれらはいずれも控訴した。だが、西光は控訴せず、下獄した。

西光が入党したのは一九二七年秋であったから党員としての活動はごく短かった。全国水平社総本部のフラクション・ビューローの委員となったが、多忙で会合にも出席できず、日本農民組合の党関係の会議に出席したばかりであった。総選挙にさいして党から活動資金を受け取ったが、配付をもとめられた「天皇と結び付いた資本家と地主の議会を倒せ、大土地を没収せよ」などをよびかけたビラを張りだすことは承知しなかった。ただ本田伊八ら三名を党員に推薦していた。

当時、裁判の前に裁判にかけるか、かけないかを決定するための非公開の取調べが裁判官によって行われ予審とよんだが、予審での「訊問調書」を通してうかがえる西光と木村、松田の著しい相違はマルクス主義、共産主義についての見解である。木村、松田がマルクス主義への信奉を確信をもって述べているのに対して、西光は「共産主義に共鳴」するにいたった思想的な経緯を述べてはいるが、それほど強いトーンではない。西光はマルクス主義に大きな影響を受けているが、マルクス主義を絶対化せず、相対的にとらえていた。また、最初の訊問のさいに西光は、入党をすすめられたさいに、弟道瑞がアナキストとして入獄した例をあげて、「弟と同様再び悲惨な目に会わねばならぬかと思うと、すぐに承諾出来兼ねたので、其の男（武原＝春日庄次郎）に其の事情を話し、身体も弱い事故《ことゆえ》暫く其の加入を見合し度いと言いました」と率直だが弱気の陳述を行っている。西光にとって三・一五事件はすでに憂慮していた事態の早すぎる到来であったし、またマルクス主義も自分自身を支えるに足りるほどに強固なものではなかった。控訴して法廷闘争をつづけるだけの価値を見出すことができなかった。控訴せずに一審の判決を受け入れたのはこのためであった。

それ以上に、このとき木村、松田と別の道を歩ませたのは日本共産党に全幅の信頼をおくことができなかったからである。後年、西光は共産党員だった頃についてつぎのように回顧している。

「私が共産党に加わったのは純粋なマルクス主義者としてではなく、当時の不正横暴な政府や政党に対する反抗と、組合や無産党内のふまじめさに対する不満からであった」。そして「私は、小さな小作争議にまで天皇制打倒を持ち出そうとする共産党の方針に反対した。そんなことをすれば、いたずらに争議を悪化させるのみならず、組合大衆まで離反させるおそれがある。のみならず、私には純然たるマルキストになりきれぬものがあった。私はついに党の上級機関へ、日本の国体問題について再検討を要求した。その他のことでも党の指令に服しかねる場合が少なくなかった」のであった。

これは、西光が敗戦直後に書きとめた「略歴と感想」に見られる文章である。

ここには潤色はみられない。西光のマルクス主義の理解は独特であって、マルクス主義を唯物論でもなければ、もとより唯心論でもなく、歴史と人間を分析的なやりかたとちがって、全体としてつかまえる力をもつ思想として高く評価していた（「業報に喘ぐもの」『中外日報』一九二二年一〇月）。だが、これよりさき、一九二一年一一月に発表した論文「人間は尊敬すべきものだ」（『水平』第二号）では、ロシア革命にふれて、レーニンのひきいるボリシェビキの政策は民衆に対して上から恩恵をあたえるものとみて「ボリシェビキ（多数同胞派）の誤救済」としてつよく退けていた。その度合いは反革命作家として知られたメレジュコフスキーが公開状のなかで「私は祖国を逃げだしてしまった。そんな恩恵を受けるよりも、召しとられて銃殺にあったほうがいいと思った」と述べたところに共感をしめすほど強かったのである。このようなマルクス主義の理解のしかたやロシア革命の評価は共産党員としてはきわめて異質であった。

かなめである。しかし、西光がふれた天皇制の問題は西光の思想形成のなかできわめて重要なかなめである。そして注意しておかねばならないのは西光が天皇制について関心をもったのは獄中においてではなかった点であろう。コミンテルンが作成した一九二七年テーゼとよばれる文章には日本共産党の綱領がかかげられているが、その第六項に「君主制の打倒」があって重要な戦略目標であった。共産党はこの目標をあらゆるところにかかげようとした。一九二八年の最初の総選挙でもそうであった。西光が立候補した奈良でも、このスローガンが持ち込まれた。これに対して西光が拒否したのはすでにみた通りである。しかし、それだけでなく西光が指導する小作争議でも同様であり、西光はその方針が農民組合との敵対をみちびくと反対し、根本的にこの戦略目標を見直すことを党の上部に申し出たのであった。

天皇への親近感

全国水平社の委員長をつとめ、その後もながく部落解放運動の中心だった松本治一郎に「貴族あれば賤族あり」の言葉がある。天皇・皇族と部落が日本の社会のしくみのなかで対極の位置にあり、天皇制をなくさねば部落差別はなくならないことを一言で言いきったものとしてよく知られている。このために水平社は創立当時から天皇制と対立していたと考えられてきた。だが、これは大きな誤解であり、松本のこの言葉の原型があらわれるのは一九三〇年代であって、水平社が発足した頃には西光をふくめて幹部たちは天皇に親近感を抱いていた。

西光は水平社結成の四カ月前、奈良県磯城《しき》郡大福村の青年たちがつくっていた三協社の機関誌『警鐘』（一九二一年一一月）に紫朗の名で「解放と改善」という短文を掲載している。紫朗とは駒井喜作のペンネームであるが、文体からいってまぎれもなく西光のものであるこの文章で「私は先帝陛下（明治天皇のこと）の有難い御所存に感泣するものである。先帝は吾々の汚名を御廃止下さった。そこで吾々は解放運動に力強くなったのは真実である」と書いた。

さきにみたとおり、政権をにぎってわずか四年後の一八七一（明治四）年八月二八日に明治政府は、いわゆる解放令を発布した。これによって徳川時代に人外の身分としてさげすんできた穢多非人の身分は廃止され、平民となった。「汚名」の「廃止」はこのことを指している。この解放令を「先帝が吾々への激励の叱咤《しった》である。それは吾々の背後より自由の為めに勇敢に闘へとタイタンの叫の如く鳴り渡る、それは吾々のマルセイエーズである」とたたえたのであった。西光はこのとき部落を解放するうえで明治天皇を積極的に評価していた。

全国水平社誕生の翌年一九二三年三月、水平社の幹部南梅吉らは上京した。政府との交渉のためである。西光もそのひとりだった。このとき加藤友三郎首相をはじめ、水野練太郎内務大臣、山梨半蔵陸軍大臣、牧野伸顕宮内大臣が個別に南たちと会って話を聞いている。政府高官が民間団体の年若い役員と直接会うという異例の会見であった。このなかで牧野は南に対して天皇への上奏文を作成すれば受け取って届けることを約束した。のちに新聞は西光が上奏文をつくっていると報道しており、この記事の性格からいって、実際に西光が執筆したことは十分に考えられる。

錦旗革命の計画

この年九月一日、関東大震災がおこった。京都の南の自宅にあった全国水平社総本部に集まった幹部は上京することを決めた。一九六六年になって阪本清一郎がはじめて「この震災を知るなり、私たちはむほん心を起したのです。それは大震災の混乱に乗じて天皇を京都に迎え、全国の部落民が立ち上って革命を起すという計画だったんです」(『荊冠の友』第五号)と明らかにしたのである。計画だけではなかった。阪本と西光と三重県の田中佐武郎の三人が信越線廻りで大宮まで行き、焼け野原になった東京にたどりついた。そこで朝鮮人とまちがわれて自警団にひっぱられようとしたが、東京在住の西光の従弟で活動家の亀本源十郎の家にとびこんで「この人はうちの親類や」といってもらって命びろいをした一幕もあった。もちろん天皇を迎えることなどできなかった。しかし、この破天荒な計画は水平社が発足してもなお西光ら水平社の幹部に天皇への思いが強かったことを物語っている。

西光の場合、天皇への崇敬は、なによりも部落を部落として刻印した穢多という身分を設けた徳川封建体制を明治維新によって打ちくだき、改革をすすめ、近代国家をつくりあげ、解放令を発布し、法のうえ、制度として賤民をなくした大事業のシンボルとしての明治天皇に対する敬愛からきている。これは南や阪本もかわらなかった。そして、西光が水平社創立宣言できびしく批判した全国水平社に先行する融和運動の考えの根本にあったのも、明治天皇の心にそって差別をなくすということだった。ラマルセイエーズはフランス革命のさいに民衆のあいだにまき起こった王制打破、専制打倒の歌声であり、ルイ一六世を断頭台におくりこんだ民衆の行進曲であった。西光はそのラマルセイエーズを解放令に見立て明治天皇からの贈物とたとえた。これを倒錯した主張だといい、西光を非難するのはたやすい。だが、西光をしてそのようにせしめたのはなんであったかは理解することはできない。

明治維新は人間の価値を生まれによってまずは決めてしまう封建体制を打破し、人々に大きな可能性をもたらした。それによって成立した近代国家が外に侵略を重ね、内では自由をもとめる人々に容赦ない弾圧をくだしたとしてもこのことは否定できないところであった。新しい道を切り開いた明治維新の革命の栄光をすべて明治天皇にむすびつけたのであった。一八八九（明治二二）年に制定された大日本帝国憲法に対して、それが民衆自身がかちとったものでなく、天皇からあたえられた恩賜的憲法だと冷笑して迎えた急進的民主主義者中江兆民でさえも明治天皇を敬愛していた。中江は、もしルイ一六世が絞首台にあがるのを見たなら死刑執行人をやっつけ、王を抱いて逃げるだろうと述べたことがあった。これは当時、天皇をこうした形で述べることができないのでルイ一六世を借りたまでであって、じつは天皇擁護論だったのである。急進的民主主義者が天皇を擁護するという矛盾は論理のうえでのものであって、明治維新が新たな生活領域を切り開いた歴史のもとに現実として生み出したのであった。

獄中生活

西光は一九三三（昭和八）年二月一一日に奈良刑務所を出所した。西光自身、「もとよりマルキストといいえぬ私が、ついに共産党を離れることを言明して、仮出獄を許されたのは、昭和八年二月十一日の紀元節であった。私は、四年十一ケ月とらわれていたことになる」(「略歴と感想」)と記している。仮出獄といっても満期に近く、未決もふくめて五年にちかい年月を獄中で過ごしたのであった。「ふと見れば／死刑囚が／新しき羽織来て居る元日の朝」と詠んだような日常から切り離された世界であった。「この壁に／桜を描け／山楽《さんらく》よ／花に埋れて春を夢みむ」とは絵の修業をつづけた西光が狭い獄屋の壁に、大覚寺の「牡丹図」などでひろく知られる安土桃山時代の画家狩野山楽を思い浮かべた幻想であった。非日常の場におかれながら西光は平安だったのである。

西光の人柄にうたれた刑務所長は「西光には好意を示し、庭に花を植えてほしいと言うとすぐ花を植えてくれるし、読みたい本は特別配慮して貸してくれるなど西光の言うことは何でも叶えてくれ」た。しかし、それはつづかなかった。のちに西光が妻美寿子によく語ったというが、所長と喧嘩したのである。ある日、所長が思想犯だけをあつめて訓示した。そのなかで「共産党員のことを人間でないかのように口汚く罵った」が、これに反発した春日庄次郎が「われわれ共産党員は、所長の言ったようなものではない」と反駁《はんばく》し、つれ去られた。度を失った所長は春日の意見を孤立させるために同調するものに挙手をもとめた。だれも手を挙げないと見込んでである。ところが、西光が挙手したばかりか、「春日さんが言わなかったら、自分が言うつもりだった」と発言した。すっかり、面目をなくした所長は、それ以後、打ってかわって西光を憎み通したという(清原美寿子「夫・西光の思い出」)。

同じく三・一五事件で受刑していた高田鑛造によれば奈良刑務所の食事は「極端に悪かった」という。高田は「大阪（刑務所）なら昼と晩におかずが付いたが、奈良（刑務所）では昼に粗末なおかずが付くだけで、朝と夜は味噌汁のみという有様だった。夜などは味噌汁が腹の中でちゃぽん、ちゃぽんとわびしく音を立てていた」（一粒の種）とふりかえっている。その「味噌汁」を西光は「汁の実の／なすび味よし／今朝や秋／曇る庭べに／こほろぎ鳴きつ」とうたってみせた。

共産党の方針に疑問をもちながら、獄のなかでも西光は共産党を離れなかった。西光自身は「法廷闘争を放棄しながら、なお何ケ年も共産党をはなれるといいえなかったのは、他に心服すべき党もなく、また自分の考えも未熟であったからである」という。平穏な日々、そのなかで西光は「多くの独居囚と同様に、私も妄想と思索をつづけた」のであった。その結果、一九三一年に『マツリゴト』についての粗雑なる考察――民族国家の家長的主権および私財奉還思想の断片的説明」と題した論文を書き上げて刑務所教務課に提出し、共産党を離れることとなった。

「マツリゴト」の重視

獄中での読書と思索（あるいは妄想）を通じて西光が模索したのは、理想国家であった。西光が「マツリゴト」という政治をあらわす古語を主題としたのは、政治の理想をカミを祭る祭祀《さいし》と人の世を治める政治とがひとつだった古代に置いたからであった。西光は「マツリゴト」のはじまりを、「共同的生産」である農耕が「古代民にとっては、じつに計画的な生産方法であるだけに、自然および社会力が、不可思議な外部的支配力として切実に感じられ」のであって「この外的支配力」を霊的のものとして承認することから「その神的力と人力とを生産的に調和せしめんとする」ところにもとめた。「マツリゴト」は、じつに「地上の豊饒のためであり、経済的必須条件として行わねばならぬ社会的生産組織の中枢作用」なのである。

しかも、その「マツリゴト」をつかさどるのは女性であった。というのは「農業が主として女子によって始められたのみならず、夢幻、神秘などに対する感受性が、男性以上に鋭敏であった」からである。「したがって神意、人意の媒介者として」女性を祭司としてすすめたという。さらに、天文、地理、医術、数学、化学は、すべて古代諸民族の「マツリゴト」から分化発達して生まれ、氾濫期の予告、醸造、薬の調合も「マツリゴト」としてなされた。こうしたものをはらむ「マツリゴト」は古代人にとってはうかがい知ることのできない「魔術」であって、タブーはそこから発生した。

「マツリゴト」をつかさどる祭司には「神的魔力あるものとして、それが血統的タブーに帰せられる」のはこのためであって、「フィレー（共同体）における祭司と信者とは、生理的同胞愛と経済的共産財、すなわち私財観念を生じえざる共同的生産組織によって連帯せられている」とみた。この関係において、「血統的タブー」は「人間の母性愛と同胞愛にもとづく、しぜんにして順調なる経過」なのであった。「素朴なる民衆」は「自然力以上に日常生活を支配する社会力にたいして、その豊饒の公平なる分配にあずかりえない物の、同胞者共産者としての権利の要求から」この「血統的タブー」を忘れなかったという。

つまり、西光は古代社会において「マツリゴト」をつかさどる祭司が人力でうかがい知れない力、すなわち「魔術」をもつゆえに「血統的タブー」視されたとみる。そして、この「血統的タブー」が維持されるのは、時代がくだるにつれて、政治的支配者の力のほうが強まり、自然のつくりだしたものを民衆から奪い取ってしまうことがあるが、「神的力と人力」の調和をはかる「血統的タブー」としての祭司を思いつづけることによって、政治的支配者を牽制したと述べた。

西光は、ただ日本だけが、神話のなかで「その祭司が母系フィレーの中心女性であった」ことを伝えているとした。その「祭司」とは『古事記』に登場する天照大神であり、「血統的タブー」とは天皇であった。西光はその天皇をいただく日本において、政治の思想的な形である「マツリゴト」が息づいていると賛美したのだ。しかし、この論文は自らいうように「断片的説明」ではないまでも、論旨が十分につくされておらず、また副題の「奉還思想」についてはあげられているだけであって触れられてもいなかった。したがって、獄中での西光の考えが具体的な形をとるには出獄を待たねばならなかった。

この間、一九三一年九月には満州事変がおこった。のちに回顧したところに従えば事変については刑務官を通じて知るだけであったが、西光はこれを支持した。「満州事変は、帝政ロシアの侵略に対する日本の正当防衛戦争の結果として得た満州の特殊権をシナの東北軍閥によって脅やかされたことによる戦いであった。その点では正当であったと想う」という。ただし、関東軍が満州（中国東北部）に軍事行動を拡大したこと対しては「日本の武力的占領は一時的でなければならぬ」として「それ以上のことは侵略的な意図をも含んだ行き過ぎであったと想われ」たのであった（「略歴と感想」）。一九〇四～五（明治三七～八）年の日露戦争によって日本はロシアから関東州の租借権と南満州鉄道および撫順等の炭坑の経営権を得た。大多数の日本人によって、これらの権益は戦争の大きな血の犠牲をはらって獲得したものとして聖視されていた。獄内の西光はいわばこの平均的日本人の感想で満州事変を迎えた。

国家社会主義の実現をめざして

出獄と結婚

西光の出獄を奈良刑務所に迎えたのは旧友の阪本清一郎と三浦大我であった。やがて、大阪市外の布施町荒川にあった阪本清一郎の家で暮らすこととなり、一九三三（昭和八）年六月頃にはかねて獄にいた西光と文通のあった小林美登利との共同生活にはいった。西光は三八歳、美登利は二七歳であった。美登利は西光がその晩年をおくり、生涯を終えることとなった和歌山県那賀郡田中村（現・打田町）西井坂の小林信太郎の長女である。美登利は高等女学校を出た後、上京して実践女子専門学校（のちの実践女子大学）を卒業し、北海道に渡って道立苫小牧高等女学校に勤めた経験をもつ文学好きの女性であった。

美登利は西光とは一面識もなかったが、妹の美寿子によれば「西光の人柄をいろんな人から聞き、この人こそ自分の配偶者として最もふさわしい人だとひとりぎめした。顔も知らない西光を五年間も気永く慕いつづけて、刑期の終えるのを待っていました」（「姉の思い出」）という。獄中の西光に手紙を出し、しばしば日記にその思いを書きつけているほど気持ちは強かった。阪本の紹介で西光とはじめて会うが、西光の出獄をいちばん待ちわびていたのは美登利であった。

同年八月、ふたりは西光の故郷の奈良県南葛城郡掖上村柏原で結婚披露式をあげ、新生活をはじめた。美登利は阪本のすすめで阪本が所長をつとめる柏原北方の保育所に保母として勤務し、月給二〇円で生活を支え、西光は画工として身を立てようとした。保育所の一室が住居であった。

ナチス批判の提起

奈良県水平社の阪本や米田富は旧友の西光をあたたかく迎えた。だが、全国水平社総本部は出獄した西光に対して冷やかだった。西光が自ら明らかにしたところによればそのひとつは、出獄した一九三三年、水平社の指導で展開した高松地方裁判所糾弾の闘いにおいてであった。この糾弾闘争は戦前の部落解放運動でもっとも盛り上がった闘いであるが、事件はつぎの通りであった。高松地方裁判所は部落の一青年が知り合った女性と同棲したのを、営利誘拐の罪にあたるとして裁判をすすめた。検事は有罪の主要な理由に青年が部落民であることを明らかにしなかったことをあげ、裁判長はこれを受けて有罪の判決をくだした。全国水平社は、この論告と判決をとりあげ「特殊部落民たる身分をことさら秘し」たことをもって犯罪成立の第一の要件としたことは、解放令によってすでに解消し、公法上に存在しない「特殊部落民」の身分を法のうえでも認め、「特殊部落民」を法制上の身分として復活させるとつよく反発し、「身分的賤視観念による差別裁判の判決を取り消せ」などのスローガンのもとに決起することをよびかけた。この水平社のよびかけに呼応して、それまで沈滞していた水平社の運動は息をふきかえし、一気にひろがった。

西光はこの闘いを、当時ドイツでおこっていた日本人に対する人種差別事件の抗議運動にむすびつけようとした。第二次世界大戦の第一歩は同年一月にヒットラーのひきいるナチスが政権をにぎったことに始まるが、はやくもこの年、ユダヤ人や有色人種をドイツからしめだすために農業土地相続法を制定してその土地所有権を奪った。さらに刑法を改正して、種族および国民性の保護のためにユダヤ人、有色人種との結婚を禁止した。ナチス当局はしばしば、有色人種のなかには日本人、中国人はふくまれないと弁明したが、これを信ぜず、侮辱とうけとめるものは少なくなかった。このようなドイツ民族至上主義の高まりのなかで、ベルリン在住の小学三年生の日本人少女が母親と公園を散歩中にドイツの少年に襲われ、棍棒でなぐられて負傷するという事件がおこった。

新聞が報道するナチスの政策とそれを背景とした事件を西光は見逃さなかった。西光は「ドイツのナチスが、従ってその政府が、どんなに野蛮な反動的暴力団であるかと言うことも、その党首のヒットラーがどんなに恩知らずであるかと言うことも世界周知の事実である」として、「いやしくも一国の政府にして公然日本人との結婚関係をもってドイツの国籍を汚すものとして処罰すべき法律をさえ制定せんとするにいたっては、実にその増長慢もきわまれる乱暴の限りである」と抗議しようとした。それだけでなく、反ナチス抗議大会の開催をも考え、水平社に提起した。しかし、水平社総本部の幹部たちは西光の申し出をほとんど無視した。のちに西光自身がこのことを「ドイツ大使館への抗議文の手交とともに、反ナチス国民大会の開催等をのぞんだ。ところが抗議文だけはとどけられたが、『国民』運動はファッショ的であるとして、左翼的な人々によって拒否された。私は水平社運動から遠ざかった」（「略歴と感想」）と記している。「左翼的な人々」というのは高松地裁糾弾闘争を指導した全国水平社左派の北原泰作らをさしているが、かれらは、共産党を批判して党を去り、出獄した西光をあたたかく迎えはしなかったのである。この点が西光をして水平運動に背をむけさせることとなった。

そしてまた、西光は水平運動から離れたもうひとつの理由として、出獄して二、三年後に「私は関西地方の委員会かなにかの席へとくに招かれた。そして私の転向について聞かれたので、想っていることを話した。そして人々から冷たい嘲笑を浴びた」と述べてもいる。

水平社創立宣言に対する非難

北原や朝田善之助ら左派の人々が西光に批判的であったのはもっとはやかった。一九三一年、上部団体であるコミンテルンの指示にもとづいて日本共産党は、機械的な階級闘争論によって、大衆団体を指導し、大きな損失を農民運動や水平運動にあたえた。この方針のもとに前者では地主に対する小作という対立関係のとらえかたをやめて、土地所有者対農業労働者の図式のもとに運動をすすめようとし、後者では、封建的身分関係を重視する全国水平社は反動的であり、全国水平社を解消して部落の農民は農民組合、おなじく労働者は労働組合に加入して闘うべきだとの方針を立てた。水平社には北原、朝田らによって全水解消闘争委員会がつくられ、全国的な活動を行った。その主張は翌一九三二年五月に発行されたパンフレット『水平社運動の批判――全国水平社解消論』に展開されている。

北原、朝田はこのなかで、「水平社創立宣言」をつよく批判した。最初の一句「全国に散在する

全水解消闘争中央準備委員会のパンフレット

我が特殊部落民よ団結せよ」を取り上げ、ここには「特殊部落民は、その属する階級の如何を問わず、すべては同胞である」という考えがあって、部落のブルジョア、地主、プロレタリア、農民のちがいを認めず、部落民と部落民以外の一般民との対立という見方にたつものだという。その結果、「一般民」対「部落民」の身分的対立が前面に出て、ブルジョア対プロレタリア、地主対農民という階級対立を隠すこととなり、「ブルジョアジーの階級分裂政策に迎合するものである」ときめつけた。そして、「感傷的な文字を並べて部落民意識と排外主義的思想を強調している以外、我々はこの宣言から政治的意義を抽《ひ》き出すことが出来ない」と酷評した。

さらに、「宣言に現われた宗教的色彩の如き、また荊冠旗と称せられている水平社の旗は、キリストの受難と殉教とを象徴したものであるといわれているが如きがそれである」として、初期の水平運動が階級的政治的闘争にいたらず、「多分に宗教的傾向を持っていた」ことを否定的に受けとめ、「かかる宗教的傾向は、水平社の幹部の中に数名の青年僧侶が加わったことに因るのであろう」と指摘した。ここでいう「青年僧侶」の筆頭は寺に生まれ、僧籍をもつ西光であった。名指しはされないものの、水平運動を知るものには西光を指していることは明らかであった。西光はこのパンフレットでいう「何等階級的目的意識を持たず、自然成長性に全く屈服して、徒《いたず》らに現われたる差別事象にのみ全精力が費《つい》やされ、多くの犠牲が払われた」初期の水平運動の指導者として指弾されていた。

階級的なちがいをこえて作用する部落差別。北原と朝田はこの現実を無視していた。左派の「全水解消論」は、その歴史と現実から学んで、水平運動を理論づけようとするのでなく、輸入されたマルクス主義という科学的社会主義によって「分析」をすすめ、階級の枠組みではとらえられない水平運動を反動と断定した。そして全国水平社の解消という極端な主張のなかで、獄中の西光を運動をあやまった指導者として葬ったのだった。それに西光の「転向」が拍車をかけた。高松地裁糾弾闘争のはじめに満期出獄した非転向の松田喜一が全国水平社を指導する左派によって歓迎されたのとは大きなちがいであった。

西光がめざしたもの

掖上村柏原北方に落ち着いた西光はやがて区長にえらばれ、同地の産業組合や農民組合、労働組合に関係するようになった。美登利との新婚生活のなかで一時は画業に精を出す。友人の阪本清一郎宅の奥座敷の戸襖四枚に描いた「醍醐の花見」や生家西光寺の壁画「天女の舞」、大和高田市にある宗源寺の天井いっぱいに描かれた「竜」の画はこの頃の作品である。鷲を正面から描いた「鷲」の画は、するどく気品高く西光の内面がにじみでている。しかし、人々から生活上の相談を持ちかけられることが多く、とても落ち着いて絵を描くことができなくなっていった。

獄のなかでも、西光は満州事変の勃発をはじめ、世の中のはげしい移りかわりを知らないわけではなかった。だが、獄を出てじかにふれる世相は以前とはよほどさまがわりしていた。国際連盟では外相の松岡洋右《ようすけ》が脱退を通告し、平野力三ら農民運動の指導者が在郷軍人と農民との提携をはかって皇道会をつくり、海軍将校らが参加して犬飼首相を殺害した五・一五事件の記事が解禁となった。また、西光にもなじみの左翼出版社の共生閣の社長藤岡淳吉が二〇〇点を絶版にして右翼への転向を声明し、日本主義労働運動戦線の統一をはかって日本産業労働倶楽部が結成された。さらにかつて水平社創立のさいの理論的指導者であった日本共産党の最高指導者である佐野学と鍋山貞親が獄中から転向声明を発表し、大きな衝撃をあたえた。そして神兵隊事件が発覚した。

「鷲」

　このように満州事変以後、左翼の勢力がおとろえ、軍部が勢いをつよめ、天皇をいただくこの国こそもっともすばらしいとする日本主義が労働運動、農民運動までおおっていくありさまに対して西光は批判をもたなかった。それらは、獄中において「血統的タブー」の体現者としての天皇による「マツリゴト」を賛美していた西光の目には、具体的にその思想が政治として、社会運動としてよりすすんでいるものとして映じたにちがいなかった。また、前年の一九三二年に新官僚とよばれる後藤文夫農相によっておしすすめられた産業組合を中心とする農山漁村更生運動にみられるような従来みられなかった計画的経済政策、あるいは米穀統制法の公布（一九三三年三月二九日）などにみられる統制経済の推進は西光には資本主義をこえる新しい社会のはじまりと考えられた。

　たしかに、出獄後、故郷の柏原にもどった西光のまえの農民、ことに小作農民の生活や零細な工場に働く労働者の生活は貧しく、部落民に対する差別はいぜんとしてきびしかった。西光は以前にまして、これらの人々の生活に関心をもち、団結をはかり、新しい社会の実現をめざした。しかも、すでにその動きが軍部や新官僚によってはじまっている。これが西光の見方であった。軍部、新官僚と協力して農民、労働者、部落民の解放をはかろうというのが、出獄した西光の考えであった。

　なかでも使命としたのは、獄中でまとめあげた「『マツリゴト』についての粗雑なる考察」を発展させた天皇をいただく「高次的タカマノハラの展開」を原理とする社会運動をつくりだすことである。そのために大日本国家社会党にはいり、地元の柏原で『街頭新聞』を発行して、その思想をひろく世に問うこととなった。

大日本国家社会党での活動

大日本国家社会党（国社党）は「君民一如の搾取なき新日本の建設」をめざし、一九三四（昭和九）年三月一〇日、石川準十郎を党首として結党した。判沢弘の研究では、当時数多く生まれた日本主義の政党のなかで、国社党が他党と違っていたのは下部に労働組合や農民組合をもって大衆運動をすすめたことであった。西光は同年五月に開かれた党務委員会で農民委員会の委員に選任されている。また、国社党の組織づくりにつとめ、七月三〇日には国社党掖上村支部を結成した。この日、柏原保育所に三〇〇名が集まり、支部長には掖上村書記で兵事係の岸田国太郎が就任した。西光は、一一月三〇日、一二月一日の両日に東京で開かれた事実上の結党大会である全国代表者会議で中央党務委員となった。中央党務委員は一七名だったが、奈良県からは西光のほか弓場睦義、阪本清三郎が、大阪府からは大橋治房ら二名が選ばれている。

なお、この会議では事実上の結党宣言である「宣言」が発表されるが、そこには「神ながらの道に行なはれるマツリゴトの確立」という西光の持論が、「わが党の存在理由を明示する無二の目的であり、任務である」と記されたのであった。また、国社党の党旗は、赤地に白丸の内へ黒線で「国」の略字である「口」を描いたあまり芸のないものであった。西光はこれを「ナチス日本支部のような党旗」だときらった。そして、これに反対して「赤地に金鵄《きんし》の旗」を提案した。「金鵄」とは『古事記』、『日本書紀』に出てくる初代の天皇とされる神武天皇が大和に向かう東征の先にたって案内した鳥であるが、西光は「金鵄はもとより単なる武力的象徴ではない。それは高天原からきた高い政治的理想の光の表現」として党のシンボルとして採用することをもとめ、採用されたのであった。かつて水平運動のシンボルとして荊冠旗を考案した西光は、一〇年余ののちに金鵄の党旗を作成した。そこに西光の思想の飛躍と断絶があった。

大日本国家社会党は石川の国家社会主義学盟を母体として結成されるが、西光は準備段階から大橋らとともに参加した。石川らはかねてから「国家社会主義へ明白に転向せる共産党被告等には熱き同志的情誼を以て働きかけ之を即時釈放運動に迄進むべきなり」(「特高月報」一九三三年七月)と主張しており、すでに獄中の西光とは連絡がとれていたかも知れない。西光は「この党の『日本民族の古典的共同精神の現代的表現としての国家社会主義』と、私の『高次的高天原《たかまのはら》の展開』とに一脈相通ずるものがあったからである」(「略歴と感想」)と説明している。

石川は早稲田大学の出身で、国家社会主義の草分けであった高畠素之の教えを受け継ぎ、「日本に行なわれるべき社会主義、即ち国家社会主義の理論の確立を期し」て、赤松克麿《かつまろ》らと日本社会主義研究所を創設し、やがて赤松らと別れて大日本国家社会党を結成した。大日本国家社会党の特徴を判沢弘は「満州事変から中日戦争期にかけての右翼陣営の中にあって、軍部へのもたれかかりを警戒し、超国家主義的皇道主義へのスベリ止めを用意し、しかも社会主義の旗をかかげ、傘下に労働組合組織を擁していた唯一の政治的・思想集団であった」(『共同研究　転向』改訂増補版下)と述べているが、「純情郎」とあだなされた学究肌の石川の人柄とあいまって同党のこの性格が西光をひきつけたのであった。

西光らは大阪市城東区蒲生町の貧民街のなかにあった事務所で国社党と労働組合づくりに専念した。西光は後述する持論だった「高次的タカマノハラの展開」について若い人たちに熱心に語った。当時、二〇歳前後だった楠本正三は「酔うと皆でせんべい蒲団を敷き並べて雑魚《ざこ》寝《ね》をした。布団の中に入っても西光さんの教育は続いたものである。『此処に寝ているのは皆、菩薩様だ。中田菩薩、山口菩薩、生田菩薩、中村菩薩だ。菩薩というのは常に縁の下の力持ちだ。道路に敷かれている砂利の一粒だ。人に踏まれても己れの使命を黙って実行して行く姿こそ尊い菩薩なのだ。若い君達は菩薩になりきれよ』と、聞いているうちに我々は感激に胸を熱くしたものである」(『荊冠の友』第四九号)と追憶している。

『街頭新聞』の発行

西光はこの運動を阪本清一郎、米田富という水平社創立以来の同志たちとともに奈良県を中心にすすめようとした。全国水平社を創立した西光、阪本、米田がともに国家主義運動に参加したことは注目される。一九三四(昭和九)年九月一〇日、西光が阪本、米田と連名で『街頭新聞』を奈良県柏原で発刊したのはその第一歩である。「農民よ、労働者よ、被差別者よ、その他すべての被圧迫者よ。街頭に出よ。街頭こそ諸氏を搾圧する資本主義を打倒して君民一如《いちによ》搾取なき新日本を建設すべき勢力を結集するところだ」とよびかけた。「君民一如搾取なき新日本」の実現は国家社会党の「党誓」であり、『街頭新聞』は同党の準機関紙、また地方紙であった。この新聞は一九三八(昭和一三)年一二月の第四五号まで確認できるのであって、少なくとも三年数カ月は発行された。ほとんどの記事は西光が書いており、この新聞を舞台としてかねてからの持論である「高次的タカマノハラの展開」の理論の普及をはかったといえる。

『街頭新聞』には、そのための長文の文章がしばしば掲載されたが、それだけでなく国際、国内の事情が西光によって選択されて報道されており、もっとも重点が置かれているのは柏原を中心とする奈良県の農民、労働者の動きであった。西光らは、けっして理論の正しさだけを主張したのでなく、この農民、労働者のなかで活動し、生活を守る闘いのなかでその実現をはかった。かつての水平社や農民組合の経験はそのまま生かされたのであった。

「高次的タカマノハラ」の展開

くりかえし、あげてきた「高次的タカマノハラの展開」とはどのような考えであろうか。『街頭新聞』には西光の思想の中心であるこの考えについて数多くの論文が掲載されている。たとえば一九三四年九月一〇日発行の『街頭新聞』創刊号以下に連載された「日本主義雑記」(のちにまとめて「明治維新のスローガンと昭和維新のスローガン」(第一〇号、一〇月二〇日))、「高次的タカマノハラを展開する皇道経済の基礎問題」(第八号、一九三五年一月一〇日)、「君臣一如搾取なき高次的タカマノハラを建設せよ」(第一七号、一九三五年七月三〇日)、「奉還思想を基礎とする日本的皇産主義」(第二二号、一二月二〇日)、「日本的皇産分用権」(第二六号、一九三六年六月三日)などがそうである。これらから西光の力説した「高次的タカマノハラ」とはなんであるかを探ることとしたい。

西光は『街頭新聞』では、獄中でふくらませた「マツリゴト」についての考えをさらにすすめて、現実世界での実現の目標として「マツリゴトの確立による高次的タカマノハラの展開」をかかげ、それこそが「神ながらの道」だと主張した。タカマノハラ（タカマガハラ）とは『古事記』や『日本書記』の「神代巻」に出てくる「高天原」であって、天皇の始祖とされる天照大神《あまてらすおおみかみ》をはじめ神々のつどう世界であるが、西光は日本神話に描かれた「高天原」に理想をもとめ、その新しいかたちの社会の実現をめざしたのであった。

街頭新聞
欽定憲法か民約憲法か
首相岡田氏に問ふ
非國家的憲法學説排撃
其の社會的基礎を衝け
治安維持法の改正
國民生活給養の爲めに
國債利子支拂停止
山崎農相元より無誠意

『街頭新聞』

西光は「タカマノハラ」に理想の社会をみた。それは「資本主義経済組織の世の中と云って、金持や地主が土地や資本を一個人でイクラでも所有して、それによって土地や資本を有《も》たぬ多くの同胞を勝手気ままに働かせて、自分等だけが楽な生活をするために都合よく組み立てた世の中」、つまり目のまえの社会とは全くちがった「神の国」であって「天照大神を中心に、皆がみんな赤ん坊として真実に同胞として楽しく生活してゐたやうな国」なのである。そして「およそ世間に、赤子に対する母性愛ほど、自然でもあり、有難くもあるものはない」と述べ、「その母性愛を、さながらに現わしたものがタカマノハラに於ける天照大神のマツリゴト」だという。

西光は「日本でも天照大神を太陽にたとへてゐるが、インドやエジプトでも古い時代には、世界中何処でも太陽は女神だと想はれてゐた」と太古が母系社会であって「古い時代には、母性は尊敬せられてゐたし、実際それ程も立派でエラかった」ことを重視する。そして「農業は女神によって発達し、女神によって支配されてゐたことは確実だ」と述べ、「マツリゴト」をつかさどったのは女神であったという。農業は「天体、気候、地形、土質、種類等について考へ、自ら種子を蒔《ま》いて育てねばならぬことだから古代人にとっては、実に、複雑な計画的な仕事であったに相違ない。しかもその作不作が人力では何うにもならぬ自然力に支配されて」いた。ここから、「人は神をアガメて、これをマツリ、五穀の豊作を祈ることになる」が、その神とは「自然力と人力とを生産的に調和し組織する人間以上の生産者」であった。「古代人はその神のお告げに従って、時に応じ所に応じて労働力を組織」した。「お告げ」とは「実に永い間の先祖代々からの経験の結果を積み蓄へた最適の結果」だとみた。

その神とは「自然力と人間力を生産的に調和し組織して人間以上の生産力を発揮させた中心母性は、まさしく不思議な大自然の神秘に通ずる現神《うつしがみ》」であり「赤子《せきし》等の大母神」だという。そして「古代社会の大母神がその赤子等のために行なふ社会的生産組織の中枢作用をマツリゴトと云ふのだ」と述べた。「人は神の赤子」であるから、そこでは「マツリゴト」とは統治を意味するのでなく、「神をアガメルことが人をオサメルことであり、人をオサメルことが神をアガメルこと」となる。

西光のこの主張は、たんに神話の解釈にとどまらなかった。ひとつは階級支配に対する批判であり「資本家と地主の政治家共はオサメルことをオサヘルことだと想ってゐる。そして労働者や農民大衆をオサへて、資本家や地主が『神の赤子』である同胞を搾取するのに都合のよいやうな政治をしてゐる。そんなベラボーなマツリゴトがあるものか」と怒りをかくさなかった。

もうひとつは私有財産制度に対する批判であった。資本主義社会において個人が土地や資本を所有して、権勢をふるうのとはちがって、「タカマノハラ」では生産が「マツリゴト」によってなされたからこそ「古代人はすべての生産物は神の物と信じていた」とみる。ひろく世界各地にみられた共同体所有をたたえ、そこでは『今日のやうなブルジョア的私有財産』はみられず、「一切の生産物は『神の物』だと想ってゐた。自分自身でさへも、自分では何事もなし得ぬ『神の物』だと想って」おり、「すべての物は、時には自身さへも神の前へ奉還せねばならぬ」として「すべての物は奉還思想の上に恵まれたる使用物に過ぎない」と説いた。ただ、こうした「タカマノハラ」の記憶が日本ではいまなお残り、「『タカマノハラ』を国体の淵源とし、其『かみつ代の国のすがた』を失はずに、赤子思想と奉還思想を、資本主義の今日まで、なお根強く伝へて来たことは幸いである」と主張したのであった（『街頭新聞』第一七号）。

私有権の否定

この西光の主張は資本主義社会の根底にふれるものであって、さらにくわしくみていきたい。西光は「高次的タカマノハラを展開」するには「ローマ法的資本主義的経済制とは正反対なる経済機構を建設せねばならぬ」と述べた。西光はしばしばローマ法的所有権をとりあげ、この権利を否定するが、これはなにを意味するものだろうか。ローマ法はローマ帝国で成立した法律であり、近代にはいって西ヨーロッパ諸国の法制度の基礎におかれ、近代日本の法制度にも大きな影響をあたえた。ローマ法の特徴は所有権についてであって、土地、動産などの財産は私人によって絶対的に所有されることが認められた。このドミニュウム（dominium）とよぶ絶対的な権利はローマ法に特徴的であるが、西光がローマ法をきびしく論難したのも、じつにこの点であった。

水平運動、農民運動などにたずさわるなかで西光がつねに心を痛めてきたのは部落民、農民、労働者の貧困と地主や資本家の横暴であった。それがなにに根ざしているのか。後者による富の独占であった。西光はこの状態を「ローマ法的所有権が、ネロ（ローマ帝国第五代皇帝）のごとき暴君的地位にまで化せる現在」とみた。そして「所有者の独裁的処分力を本質とするローマ法的所有権が、現在の如く大産業資本、および大金融資本を駆使するとき、かえってもっとも恐るべき所有権の侵害が、間接的に勤労大衆の零細貧弱なる生産用財産にさえ加えられ、いまや勤労大衆のすべては、やむなくその貧弱なる生産財なる所有権を放棄して、プロレタリア化し、ルンペン化しつつある」と述べた（同第八号）。つまり、私有権を絶対のものとして尊重するところに社会不安の根源をもとめたのである。

そのローマ法的所有権に対置したのが「皇産」であった。「皇産」について西光は自明のこととして定義をくだしていないが、すべての生産物は「神の物」であって私のものはないという主張の帰結として、一切のものは天皇に帰属する、その財産をさしているといってよい。つまり「私産」＝資産に対する「皇産」＝公産であって共同所有をさしている。この考えから「自己の資産を皇産として承認するならば、ただちに、それによる非国体的同胞搾取を廃し、日本産業の真の合理的発展のためにそれを奉還せねばならぬ」と説いた（同第二二号）。搾取のない社会が天皇のもとに構想されたのであった。国体とは、日本が天皇をうえにいただく特別の国がらであることを指している。西光が逮捕され、懲役刑をうけたのは治安維持法によるものだが、この法律はその「国体」の改変をはかることを犯罪とするものであって、一九二〇年代後半から四〇年前半にかけて猛威をふるったし、当時の教育の中心はこの「国体」の尊重を教えこむことに置かれていた。

西光はいう。「法律上私有として認められるものもこれを根本的に国体的に理解すれば、日本の資生産業の総《すべ》ては奉還財であって、寧《むしろ》その所有権は広義の公益のために管理使用等の義務を付与されているはずだ」。そして「現今の国民生活の上にその同胞愛を冷却せしめ、深刻なる利己的相克をなさしめ、階級的跛行的《はこうてき》険悪度を高めつつあるブル的資本の一切を国体的公益のために処分するになんの躊躇《ちゅうちょ》も要《い》らぬはずだ。そしてその一切の資本を奉還せしめ、その私産的機能を廃し、皇産的機能を発揮せしめることによって、始めて国民生活は安定向上し、同胞愛に充ちて繁栄し得るはずだ」と。さらに人々が行使できるのは「皇産分用権」であって、「およそ奉還思想を核心とする限り日本的所有権とはまさしく皇産分用権であって、それが皇産たるかぎり、断じて同胞搾圧に行使せられるべきでない」と述べた（同第二二号）。この西光の主張から「国体」とか「皇産」にまといつくイデオロギーをはずせば、その主張は、搾取の廃絶、ブルジョア的私有財産の廃止、富の共同所有と共同使用であった。若い日の「よき日」が天皇のもとに構想されたのだった。

陸軍パンフレットを支持

さきに西光は、陸軍を支持し、革新官僚の取り組みを積極的に評価したと述べたが、そう評価された秘密はこの思想にあった。西光は農民、労働者、部落民の生活を破綻においやっているのは、地主、資本家であり、後者が自由経済を土台に前者を搾取することによって私有財産をしこたまにためこむところにあると考えた。明快な階級搾取論である。

しかし、一九二九年の金融恐慌とそれにつづく世界恐慌のなかで、経済に対してなんの規制もくわえないで自由に放置したままでは民衆をますます窮乏のなかにおとしいれるだけで、社会不安はつのり、結局は社会そのものが崩壊することがおそれられた。たとえば、さきにあげた政府の農山漁村更生計画は農村をたんに地主、農民の経営にまかせるのでなく国家がなかにはいって計画的に経営をすすめ、安定化をはかろうとするものであった。このほか、革新官僚による統制がさまざまな形でくわえられた。社会主義に特有だと考えられていた計画経済、統制経済が革新官僚の手によって始動した。これは国家が経済に介入するという資本主義の新しい形態であった。そこに西光は社会主義の影をみとめ、これを支持した。

三井、三菱などの財閥は容易に適応できなかったし、また政友会や民政党などの政党も革新官僚の政策に不安をもった。こうした状況のなかで、軍部には財閥、政党を排除して革新的勢力をつくろうとする動きがつよまった。

一九三四年一〇月一日、陸軍省新聞班は、のちに陸軍パンフレットとよばれることになる『国防の本義とその強化の提唱』という冊子を発行した。永田鉄山軍務局長が主導権をにぎった結果であるが、政治、経済、思想、文化をすべて国防に従属させ、自由主義を排除し、経済機構を刷新することを説いた。とくに問題となったのは経済を論じた箇所であった。「現機構は個人主義を基調として発達したるものであるが、その反面に於て動《やや》もすれば、経済活動が、個人の利益と恣意《しい》に放置せられんとする傾きがあり、従って必ずしも国家国民全般の利益と一致しないことがある」とか「自由競争激化の結果、排他的思想を醸成し、階級対立観念を醸成する虞《おそれ》がある」、「富の偏在を来し、国民大衆の貧困、失業、中小産業者、農民等の凋落《ちょうらく》を来し、国民生活の安定を庶幾《しょき》し得ない憾《うらみ》がある」などと述べていた。これに対して政友会は「現在の経済機構の改変を期して総て国家統制の一元に期せんとするが如きに至っては遽《にわか》に同意し難い」と非難し、民政党は「陸軍の政治関与もここに至っては驚く外はない」と批判した。いわば、資本家や地主を基盤とする政党はこぞって陸軍パンフレットに反対した。

ところが、これら既成政党がいみきらったパンフレットの資本主義批判は西光の出獄後の見方と一致した。『街頭新聞』は第三号以降、紙面を大きくさいて陸軍パンフレットをとりあげ、「国家社会主義的見地より現行経済機構改革の提唱」するものとして内容を紹介し、支持を表明したのであった。西光は、すでに資本主義が最後の段階に達しており、「階級闘争、農村窮乏、富の不均衡、国民大衆の貧困」が社会をおおい、「腐朽せる資本主義の政治的文化上層建築はグラつき出した」ととらえていた。この時期においては「国防の性質」は「資本擁護のみでは不可能」であって「国防国策は『国家の全活力を総合統制』せねばなら」なくなってきた。これをすすめようとする軍部と反対する既成ブルジョア政党との対立は避けられないが「この対立は客観的には歴史進行の必然性に従って刻々に軍部の勝利に導くであらう」と予見した（同、第三号）。この現状認識のもとに、西光は「陸軍当局の発表した国防国策は正当である」とし「軍部はラッパを吹け、我等は甘んじて進軍するであらう」と宣言した。そして「決勝の間際に戦闘中止のラッパは吹かぬことだ。資本主義修正などと云い出して、ファシズムやナチズムの線でブルジョア共に妥協せぬことだ」とクギさえさしたのであった（同、第四号）。

西光は陸軍パンフレットにしたがって戦時経済を確立することをもとめた。その理由は「戦時経済は甚だ国家社会主義的で、必要な場合は私有財産にすら否定的な制限を加へかねない」のであって「『非常時対策』が政治経済の運用を著しく国家社会主義的乃至《ないし》社会主義的にせしめるもの」と考えたからであった。マルクス主義の立場から陸軍パンフレットを批判した山川均は「資本主義の新段階で、資本主義はこれを存続させようとする限り、多かれ、少なかれ、組織された資本主義――国家資本主義乃至統制資本主義――の方向に進むの外なく、たとひそれが国民社会主義の旗印によって進められようとも本質に於ては（資本主義に）毫も変りはない」と主張していた。革新官僚が登場し、計画経済、統制経済がすすめられるという一九三〇年代の社会についての山川の認識は正しかった。この山川の見方を西光は知っていた。だが、西光は「山川氏などと違って国家社会主義者である我々は国家社会主義以上のものを軍部に望む心算《つもり》はない」として、山川の説くところを受けいれなかった（同、第八号）。西光は陸軍パンフレットに記された政策がすすみ、既成政党や財閥の力が支配の座からひきおろされることが、理想の社会を実現する第一歩だと考えたのであった。

陸軍パンフレットでは、その「武力」を「皇道の大義を世界に宣布せんとする」ものだと述べていた。この点について西光はいままでの戦争は「殆ど資本家、地主のための戦争のやうな結果になってゐる。そして彼等は平常は勤労国民を国民の数にも入れないやうに搾圧しておいて戦争となると真先に、そして最後まで戦はせやうとする」と非難し、「そんなブル共の為にする帝国主義戦争には絶対反対だ」との意見を表明した。そして「国家のため」「民族のため」「正義のため」などと「如何程、ブル共が真実らしい理由を揃へたところで、国内の同胞に対する搾圧が廃止されない限り、其の戦争は当然に他民族、他国家に対する搾圧戦争だ」と主張し、「道理から云へば、世界に皇道を宣布する前に、先ず国内に皇道を宣布するべきだ」と強調した（同、第四号）。

しかも、西光はこのパンフレットについて「今のやうな世の中の組み立てを大いに改革して、働けば働き効《が》ひのある、働く仕事のある、正直に働く程、くらしも楽になる様な世の中にせねばならぬ。でなければ、国民全体が仲よく一体になって、心から国を守り、国の為めに生命を捧げるやうになり難いと云ふのである」と農民にむけて解説するとともに、「この改革は陸軍のみに委《まか》せておくべき事ではない。国民運動として、殊に農民大衆が先頭に立って実行せねばならぬことだ。小作料のマケヒキも肥料を安く買ふことも、勿論必要だが、この『国策』を実現することは更に必要だ」と述べ、農民をはじめとする無産勤労者の力によって実現することを期待したのであった（同、第七号）。

大日本国粋会との協調

陸軍パンフレットを支持した西光は大日本国粋会との協調を説いた。国粋会は土建業者を中心として、頻発する労働運動や台頭する社会主義運動に対抗して結成された団体であった。一九二三（大正一二）年、奈良県でおこった差別事件をめぐって水平社と抗争して銃撃戦を展開するほどまではげしく対立したことがあった。しかし、出獄後、国社党の結成につとめていた西光は提携をはかり、ともに中央党務委員に選ばれた弓場睦義は国粋会奈良県本部の幹部であった。陸軍パンフレットが発行されると、同県本部も「傍観黙視し得ざる処」と各地の日本主義団体とともに支持の声明を発表した。

西光はこの声明を一九三五（昭和一〇）年二月一〇日付の『街頭新聞』臨時版に載せ、あわせて「軍部の『国防国策』実現に就て　国粋会員諸氏に宛てる」という長文の文章を発表した。そこでは大日本国粋会の名づけ親である杉浦重剛が「国粋会員たるものは、富豪の門を潜ってはいけない。政党の門を潜ってはいけない。官僚の門を潜ってはいけない」と戒めたことをあげ、陸軍パンフレットの実現につとめることをもとめた。それだけでなく、これよりさき一月二三日に開かれた軍部の「国策」の実現をもとめる国粋会奈良県本部の案内で開かれた有志の懇談会にも力をいれた。既成政党が陸軍パンフレットが侵してはならない政治関与をおこなっているという既成政党の批判に反撃する懇談会の声明は西光が起草した。

西光が連携したのは国粋会だけではなかった。一九三五年八月には皇国農民同盟の吉田賢一らが関西の右翼団体の結集をはかり、八月会を組織したが、西光は、三重の田中佐武郎や阪本清一郎、米田富とともに参加している。西光が吉田らとの関係を深め、皇国農民同盟に近づく第一歩であった。

天皇機関説批判

日本主義の風潮が陸軍パンフレットでいちだんと高まった矢先、同年二月、貴族院で菊池武夫が美濃部達吉の憲法学説を、国体に反するものとしてつよく論難した。美濃部は天皇を絶対的な存在ではなく、憲法にもとづいて統治の権限を行使する国家の機関であると主張していた。いわば立憲主義の立場の説としてながく法律家の間では定説であった。当時、裁判官にしても、検事や弁護士にしても天皇機関説は常識であった。しかし、さきの風潮のなかで天皇機関説に対する攻撃は強まり、国体にもとる説として排除され、美濃部は不敬罪で告発され、主著『憲法撮要』などは発行禁止の処分を受けた。美濃部はやっと起訴をまぬがれたが、貴族院議員をやめねばならなかった。

菊池による美濃部攻撃をきっかけに、右翼や在郷軍人会などが国体明徴運動を全国に展開するが、西光は一役を買った。奈良県で三月二四日に開催された国粋会主催の天皇機関説排撃県民大会では、西光は機関説非難の演説を行っただけでなく、大会の宣言を起草した。さきにみた「高次的タカマノハラの展開」をめざす「マツリゴト」の実現という持論がその核であった。国体明徴運動の全国的なひろがりに押されて、岡田啓介内閣は二度にわたって国体明徴声明を出して、天皇機関説が国体に反するものだという見解をしめした。しかし、西光はこの声明に不満で、『街頭新聞』第二〇号で「我等は敢《あえ》て現政府に何等の期待も懸《か》け得ない」ときびしく批判した。政府がいうように天皇に「統治権」があると認めるならば「大資本家をして大金融資本、大産業資本を奉還せしめ、同ホ（胞）ウ大衆の生活に重要なる経済上の諸事業を国営とし、しかも国営の名によって実利を独占する資本家階級の存在する所謂《いわゆる》国家資本主義的経営を排し、真に同ホウ（胞）搾圧の許されざる皇道経済制の確立を希望し、その実現に努めねばならぬ」のに、このような方針はいっさい取られていないからである。西光は「国体」に天皇のもとでの搾取、抑圧のない世をもとめた。

西光の天皇機関説についての考えはこうであった。まず「日露戦争後、我国資本主義は急激に発展し、軽工業より重工業の確立に向かって邁進《まいしん》し、政治的には政党内閣制の確立となった。この情勢にあって天皇機関説は遂に支配的学説になったことは偶然ではなく」と歴史的に観察したのである。そして、「個人主義的自由主義の結果たる資本主義の爛熟とともに必然的に所謂『機関説』の主張となり、国体の神聖は冒瀆《ぼうとく》され、建国の理想は忘却されようとしている」との評価をくわえた。西光によれば大日本帝国憲法は、当初は「天皇主権説」に立っていたが、資本主義の発展の影響を受けて、変質したとみた。それが、満州事変以降の国家主義の高まりのなかで、三度性格を変えようとしている。「美濃部憲法学は、日本資本主義の推移と共に、その拠《よ》って立つ政治的基礎を漸次喪失し、時代に副《そ》ふ新たなる憲法イデオロギーが構想されて来た」とみたのであった（同、第一二号）。

世界に恐慌が荒れ狂って以降、一九三〇年代にはいって資本主義国家がさまがわりして国家が計画経済をすすめ、統制を強化してきた事態を西光は社会主義への転化と考えており、これに抵抗するかつての自由主義の経済を土台とする思想は反動とみた。西光は、美濃部の説を「議会は国民の代表者が国の政治に参与するもので、天皇から権能を与へられたものではないから、原則として天皇の命に服するものではない」と要約して、憲法が天皇によってさだめられたことを無視した「欧州諸国の憲法学説を鵜呑みにした直訳的公式主義で、国体の特質を忘れ」た愚説だと批判した。西光の観点は「国政参与の権能が、天皇政治の理想実現のために付与されたるものと信じて初めて、君臣一如搾取なき国体開顕のための政治的奉公が出来る」というところにあった（同、第一一号）。「天皇政治」の理想を喪失した美濃部の説は政治における理想を見失わせ、買収の横行をゆるすことになる。したがって政界の腐敗堕落は美濃部の説が原因だと非難した。「高次的タカマノハラの展開」に政治の理想をもとめ、「マツリゴト」による政治をめざす西光にとって、美濃部の天皇機関説は前にたちはだかる障害物だったのだ。

「ファッショ西光を葬れ」

このように出獄後の西光が大日本国家社会党にはいって、独自の日本主義にもとづく活動をはじめたことに対して、かつてともに農民運動などをすすめていた左派の人々から強い非難をあびせられた。一九三三年八月三〇日付の全国農民組合機関紙『土地と自由』は、最初に国社党の運動が西光の居住する掖上村柏原以外に伸び悩んでいることを批判的に伝えた。さらに全国農民組合奈良県連合会が一九三六年の選挙にさいして「無産大衆を解放するが如き言辞を弄し、事実は金融ブルジョアジーの手先として、時代の波に躍るファッショ国家社会党の代表」と攻撃を加えたのは西光に焦点をあてたものであった。このように西光をファッショとよんで攻撃する動きはこれよりもはやく、西光自身が一九三五年一月に発行された『街頭新聞』第八号に「『ファッショ西光を葬れ』と近頃あちらこちらの誰彼が頻《しき》りに云ってゐるやうだ」と書くほどひろく非難の声がひろがり、国社党を目標とする「県下の農民運動、労働運動、水平運動の戦線にファッショ排撃の運動が相当烈しく起されてゐる」(同一二号)と認めるほどであった。

ファッショとは、この場合、ドイツやイタリア、日本にあらわれた議会政治を否定して独裁政治をすすめようとした動きをさすが、西光はこの非難をかなり気にして、『街頭新聞』のコラムや編集後記にとりあげているが、内容のない流行のレッテルだとみなした。西光はファッショについて「ファッショといふ言葉は資本主義打倒を看板にして無産大衆をゴマカシておいて、其の実は資本主義修正とか何んとか云って金融ブルジョアジーの為めに無産大衆を奴隷にする言葉だ」と批判し、「高次的タカマノハラ」の実現をめざす西光の主張にあてはまらないと退けた。ナチスの日本人やユダヤ人に対する差別に対して抗議行動を提起していた西光にとってはファッショよばわりされるのは不本意だったのである。西光は「高次的タカマノハラを展開」した理想の世は「イタリアのフアシズム、ドイツのナチズムを斥け、ロシアのソヴェートを越えて」つくりだされるはずのものであった。

神兵隊事件、二・二六事件　愛国勤労党の弁護士天野辰雄、皇国農民同盟の前田虎雄らは、天皇政治の確立、財閥政党の殲滅《せんめつ》などのスローガンをかかげて決起し、武力で斎藤内閣を倒す計画をすすめていたが、一九三三年七月、発覚して逮捕され、天野ら五四人が反乱罪で裁判にかけられた。神兵隊事件である。西光は神兵隊の思想、行動に共鳴し、起訴にあたっては「一君万民、祭政一致の天皇政治を確立し、神武肇国《ちょうこく》の皇政に復古し、いはゆる皇道維新を断行せんとしたものである」と『街頭新聞』第一九号（一九三五年九月二〇日）で好意をもって伝えた。国社党掖上支部は創立当時、蔵相井上準之助、三井財閥の団琢磨《たくま》を射殺した血盟団員の裁判に対し、厳罰の処分に反対して声明を出したことがあったが、そのなかで「新日本建設に対する至純至誠の心意に対しては敬意と感謝を表示せざるを得ない」と述べたところは、また西光の神兵隊に対する心情でもあった。

しかも、天野は、西光のつよく非難した美濃部達吉の天皇機関説に対抗する天皇主権説をとなえた東大教授上杉慎吉の遺鉢をうけついでおり、前田はやがて西光も加入することになる皇国農民同盟の幹部であったから、その気持ちはいっそうつよかったにちがいなかった。

一九三六年二月二六日、元軍人の村中孝次や青年将校らは近衛師団、歩兵第一師団の兵士一、四

○○人をひきいて首相官邸などをおそった。首相岡田啓介は身をもってのがれたが、内大臣斎藤実、蔵相高橋是清、教育総監渡辺錠太郎を殺害、侍従長鈴木貫太郎に重傷をおわせ、首相官邸はじめ陸軍省、参謀本部、国会を占拠した。村中らは皇道派に属したが、部下である兵士達の出身地である農村の窮状が「元老、重臣、財閥、政党」などの腐敗によって生まれたと考え、これら「君側の奸《かん》」をとりのぞき、天皇と国民が直結する天皇親政を実現することによって解決することをめざした。しかし、その天皇がクーデターに激怒し、奉勅命令がくだり、反乱軍として鎮圧された。そして、村中はじめ首謀者と民間の思想家北一輝らが銃殺刑に処せられた。二・二六事件である。

穂積五一との出会い

行動をおこしたのは、西光が親近感をもつ皇道派の将校たちであった。西光は事件をおこしたのは将校たちだとしても原因をつくったのは財閥であり、既成政党だと確信していた。事件を知った西光は事件の真相を知ろうと上京して東京での知り合いをあちこちとたずねた。そのひとりに中村至道がいた。陸軍経理学校教授などの経歴をもつ中村は部落問題につよい関心をもち、一九二五年に発行された雑誌『同愛』（第二七〜二九号）には「水平社に謝罪せよ」との論文を掲載し、全国水平社の運動に好意的であった。

中村は西光を高円寺で母親の看病にあたっていた穂積五一にひきあわせた。穂積は東大で上杉慎吉に師事し、卒業後は上杉が創設した七生社に属する学生や青年の育成にあたっていた。法学部教授であった上杉は皇権絶対主義を唱え、国体明徴、政党政治を否認し、国家主義運動を推進した憲法学者であった。以後、西光と穂積の友情は終生かわることなくつづいた。西光自身、「この人は私より年少であるが、私は人間の正しい生き方について、いかに高く深いものをこの人から無言のうちに教えられたであろう。その後、今日にいたるまで、私は年に何回となく、多い年には毎月のように上京して、この人のところへ集まる多くの学生や青年たちとともに生活してきた」（『略歴と感想』）と記している。

「この人のところ」とは、本郷元町にあった至軒寮である。至軒とは上杉慎吉の号であり、この寮は上杉がつくった。至軒寮と穂積の関係については「寮は学生を中心とし、若い農民、労働者をも含めての同志的結合による共同生活体であり、粗衣と粗食の簡素な生活の中での相互の触れ合いによって自己の生きる道をたぐりよせようとするものであった。彼（穂積）はこの至軒寮主監としての仕事を敗戦の日まで持続し、しかも、今なおその任務を自からの肩からおろしていない」と判沢弘が書いている（『共同研究　転向』改訂増補版下）。ここで、「今」とは一九六二年であって、穂積は戦後までその仕事をつづけた。

このように記した判沢は、穂積の人柄を三点にまとめてつぎのようにいう。第一にあげるのは「求道者的精神」であって、「穂積に一貫するものは徹底した『求道心』である」と指摘している。「一生が修業なのだ。したがってエスカレーターの如き『定職』にありついたことがな」く、「寺を持たない禅坊主の風格がうかがわれる」という。そして第二は「礼譲の心」である。「畳の上を歩くとき他人に足の裏を見せぬという作法、ものを食べるとき口中で音をさせぬという心掛け、飢えている隣人には己の食物の半ばを分かつという覚悟」がそれであって「総じて、人に不快感・迷惑を与えず、人に厚く、己に薄くという心構え」をいだいていたのであった。第三には「人間《パーソナリズム》（個人）中心主義」である。具体的には「重要な思想は、人と人との直接の触れ合いの中からのみ触発され、また、伝えられるのだという信念——書物や宣伝からはすぐれた何物も生れ得ない——という堅い信念がある。人間の量より質を重んじ、したがって、広範囲な組織活動に期待しない」ことをあげた。そして穂積の場合も、「単に意見が異なるということで人間関係が決定的な分離・分裂にいたることはない」のである。この三つを判沢は「右翼人穂積の思想を構成する枠組」だとみた。

西光がひきつけられたのは人々が「聖人」とよんだという穂積のこの人となりであった。

奈良県柏原を中心に

産業組合の結成をめざして　西光は『街頭新聞』を発行して自説を主張し、「高次的タカマノハラ」の展開をはかったが、その活動はたんにイデオロギーのうえにとどまらなかった。奈良県柏原を中心として労働者、農民あるいは部落民の生活向上にも力をいれた。

国社党掖上支部が一九三四（昭和九）年七月の結成大会において決議した第一に「産業組合勤労大衆化の件」があるのは、西光の意見であった。西光は産業組合を重視した。産業組合の歴史は古く、一九〇〇年に制定された産業組合法にもとづき、おもに農村につくられた協同組合である。半官半民の団体で、奈良県の場合、産業組合奈良県支会長は一戸知事で二〇六組合、組合員は六万人に近かった（一九三五年）。塩崎弘明の論文「革新運動としての『協同主義』運動」（『昭和期の社会運動』所載）によれば当初、産業組合は地主と小作との協調をはかり、節倹をすすめる団体であったが、第一次世界大戦後は農村の利益擁護をはかる経済団体の性格をつよめた。そして、一九三〇年代にはいって農村恐慌がすすむなか、三二年には疲弊した農村の振興をはかって農山漁村経済更生計画をたて、中間営利業者を排除し自立的な販売購買事業の振興をはかった。さらに産業組合の刷新と普及をはかり、三三年には産業組合拡充五カ年計画を発足させた。この計画はソ連の経済五カ年計画にヒントを得たものであったという。西光は、このように計画的統制の手段で農村の改良をめざす産業組合に注目したのであった。

このため西光は、一九三四年九月一四日に開かれた大和同志会の経済更生研究会に出席した。すでにみたように大和同志会は水平社が発足した当時、融和主義をかかげているとして西光らがはげしく非難した団体であったが、このころ奈良県での融和事業をになっていた。議題は「急迫せる現下の部落経済を如何にして打開すべきや」であったが、西光は発言を許され、産業組合による部落関係調査の実施と県下の部落出身の区長、市町村議員会議の開催をもとめた。このとき、西光は部落の経済的な行き詰まりを産業組合をつくることによって解決しようと考えていた。

西光によれば、産業組合は「信用、販売、購買、利用」の四部門をもっているが、各部門が「有機的に統一せられ、組合が真に農村窮乏のために闘ふ意志」があるならば「如何様にも活発な運動が出来る筈」であった。当時、産業組合中央会はさきの拡充五カ年計画にもとづき、産業組合の拡大をはかったが、これに脅威を感じた日本商工会議所は全日本肥料団体連合会、全国米穀商連合会など既成団体を指導して日本商権擁護連盟を組織し、反産業組合運動を展開していた。西光はこのはげしい競り合いに、産業組合の未来をみたといってよい。恐慌下の農村を救い出すことのできるのは産業組合だと信じていた。西光が「産業組合は、その本質たる反営利的統制主義を発揮すればするほど資本主義との間に激しい争ひを起す」というのは、この事態の進行からであった。

西光はやがて産業組合が発展して医療の分野にのりだし、肥料の配給を行い、商業部門や農村工業に進出するにつれて資本主義との対立、抗争は避けられなくなるとみた。したがって産業組合の発展は容易ではないが、これによって「農村から一切の資本主義勢力を追い出してしまふ」ことができ、同時に「日本から一切の資本主義勢力を追出すこと」になると主張した。西光は、産業組合運動によって社会主義の実現を夢みた。「農村社会主義化をめざして反産運動を突破せよ」がそのスローガンであった。

西光は「農村大衆の行く道は、小作運動の血路と、この産組運動の活路とより外ない」と強調した。そして「町村単位の信用、販売、購買、利用の各部門を綜合した綜合的単一産組の正当なる進路は国家社会主義経済機構の基礎単位としての展開」であるとして、国家社会主義政治と産業組合運動とは表裏一体だと説いたのである。西光にとって核心はその国家社会主義とは「天皇制の帰結」であり、「国体完成」だという点にあった。

ただ、西光は現行の産業組合をそのままにして可能だとはみなかった。全国の産業組合の組合員五〇〇〇万人、運動資金一八億円を数えながら、見かけ倒しなのは「一方では高利貸的信用組合、一方では地主や上層自作本位の販売といふやうに、所謂農村の有力者が利欲と名聞を一荷《いっか》にして担ぎ出した組合が全部ではないにしても随分多い」からであって、「如何程貧農大衆に有利なことでも、地主や上層自作に余り利益がない場合には何か得手勝手な理由をつけて実行されないのが普通になっている」ためだという。つまり、産業組合をにぎっているのは農村の金持ち、あるいは地主、有力自作農であって、その「利欲と名聞」のために運営されているのが実態であり、農村で多数をしめる「貧農大衆」の「利益」は全くかえりみない。産業組合は「目的は営利ではなくて生産者の正常なる生活擁護」をはかるための組織であるのに、かんじんの「反営利的統制主義」を発揮できないのはこのためだとみた。産業組合が十分に力を出すためには、一部の有力者によって動かされている現状を改変して、大衆化をはからねばならないと主張したのである（西光「国家社会主義経済機構の基礎単位として農村に於ける綜合的単一産業組合を展開せよ」『街頭新聞』第三号、付録）。

柏原瓦工組合の活動

西光が地元の動きでもっとも注目したのは、瓦製造の職人であった。瓦職人はかつて奈良県下の無産運動のなかでも活発な動きを示していたが、一九三四年当時は沈滞をきわめていた。西光や阪本は大日本国家社会党の運動として瓦職人の組織化をはかり、同党奈良県柏原瓦工組合を組織した。

瓦工組合は同年八月三〇日付で「聖徳太子をお祭り下さい」と題したビラをまいたが、このビラの筆者は西光で、『街頭新聞』創刊号に掲載されている。労働組合運動とは無関係のようなビラだが、西光の考えがよくあらわれている。聖徳太子は一七条の憲法を制定し、法隆寺を建立したことで知られるが、聖徳太子に対する信仰は大工、左官などの間に強く、瓦職人もまたそうであった。西光はこの伝統的な瓦職人の信仰を尊重してビラをつくった。このビラでは太子に対する信仰はたんに「瓦の製作を私等の先祖に教へて下さった」だけではないのであって「私等が太子様を崇拝信仰する理由は、ただ私欲のために教へられたのではなく、真実に私等の生活を向上せしめ、楽にさせるために教へて下さったからであらうと想います」という。そして、一族が全滅するという犠牲をはらってまでも「世襲官職を廃したり、奴隷制を禁じたり、土地国有にしたりして私等の生活が安楽になるやうに御苦労して下さいましたこと」をあげる。古代において私有制度を廃止したとして「太子様のお心にそふやうに世の中を作らせて頂き皆々安楽に生活させていただけるやうにお祈りしてください」と結んだ。

西光は古くからの太子信仰によって国家社会主義の実現をうったえたのである。瓦職人として労働する意味が「私欲」でなく「真実に」生活するためだと主張した。以前、小作人組合をつくれとよびかけたパンフレットに述べられたことがここでもくりかえされているが、この主張は西光の思想の核心ともいうべきものであった。

とはいえ、西光、阪本らが瓦工組合に期待したのは聖徳太子の祭祀だけではなかった。重視したのは瓦職人の生活の向上であり、雇主の暴利反対であった。このビラを配りながら、瓦工組合は掖上村の九瓦工場三八人の職人を組織し、工場主との闘いをすすめた。当時、関西をおそった風水害で多数の家屋が倒壊し、瓦の需要がひきもきらず、瓦代は高騰し、工場主はホクホクだった。組合は、その利益金を罹災者に吐きだすことをもとめ、賃金を一工九〇銭から一円三〇銭にあげることを要求し、一〇月三〇日にストライキにはいった。国社党の指導のもと警察や村長の調停を蹴って、組合は一一月八日には四〇銭の賃上げと罹災者に対して工場主が義援金をおくることの確約を得て、

柏原瓦工組合製瓦工場と同志の人々　前から二列目中央が西光

勝利した。この争議に阪本は争議委員として参加していた（「社会運動通信」）。瓦工の闘いはさらにひろがり、高市郡高取の青木瓦工場では賃上げをかちとり、また柏原の堀川瓦工場でもひとりの職人に対する解雇反対にたちあがり、高額の退職金を獲得した。

一九三五年には五月にはいって柏原の工場主組合から瓦工組合に、以前のように工賃を一工一円三〇銭から九〇銭に引下げるとの通告がなされた。これに対して柏原瓦工組合は賃下げの理由としている瓦の価格の下落はうそだということを明らかにして拒否、九工場四〇名の組合員が同月一五日からストライキにはいった。このストライキに音《ね》をあげた工場はつぎつぎに組合の要求をうけいれたが、六工場では工場主が譲歩しなかった。このため争議は長引いたが、解決した工場で働く組合員は賃金の三分の一をストライキのために提供して応援した。

国社党柏原支部の労働委員会は一、五〇〇円の資金を準備して自力で新しく瓦工場を建設する方針をたて、実行にうつした。ストライキにはいってから二カ月後の七月には工場は完成し、柏原瓦工組合製瓦工場と名づけ操業を開始した。同工場では工場の設置にあたって「私達はお金を儲ける事だけを目的にするだけではなく、充分に生産の社会的意義、即ち真実の意味の社会奉仕的信念を以て生産に当って居ます故に、金儲けにさへなれば、どんな手段でも選ばぬと云ふ様な事は断じてやりません」と誓った。そして「唯私達は商人でありませんので現在の多くの商売人の様な真似は到底出来ませず、又やり度くもありませんが、嘘と掛引のない取引で進みたいと考へます」と述べ、協力をもとめた。資本家ではなく、生産者を主人公とする工場が生まれたのである。「争議が生む《(ん)》だ瓦工組合工場　立派な製品で顧客は大満足」と報じた『街頭新聞』第一七号は「職人ばかりの工場を作り立派な製品を出してゐる。これはなにを意味するか。君臣一如搾取なき高次的タカマノハラの展開の可能を予約するものではないか」と自賛したのであった。

農民運動に参加

奈良県の農民運動は以前に比して「著しくその勢ひを削がれた状態にある」と西光はみた。その理由を農民組合への結集が弱まり、「農民大衆の経済的闘争力が部落的に分散した」ことと「自作兼小作の比較的上層部の経済闘争がある程度目的を達した」ことにもとめた。しかし、農民に対する関心は高く、『街頭新聞』創刊号は政府が「各地の農民は昨年来、烈しい団体的運動を起して飯米差押へ反対の叫びをあげて政府に要求した結果」として飯米差押禁止法案を提出することになったと報道している。この記事には「『豊葦原瑞穂国《とよあしはらのみずほのくに》（日本のこと）に生まれ来て、米を作りて米食へぬとは』」のざれ歌をかかげ、「真《まこと》に泣こうにも笑へぬ農民生活である。しかも納屋の隅に残した僅な飯米を冷酷に差押へられる場面は想ふさへ苦痛を感じる」との書きだしではじまっている。当時、きめられた小作料を小作人が地主に支払えなかった場合、生きていくのに欠かせない大切な飯米まで差し押さえられた。

この非人道的なやりくちに一九三四年八月、全日本農民自治協議会は新潟で飯米一ヵ年差押禁止法案獲得協議会を開き、運動を展開し、はじめて政府も法案の提出に動きだしたことを報じた。このこと自体、西光らが農民といっても小作など下層農民をもととして運動をすすめようとしたことを物語っている。法案は一九三五年三月に議会に提出され、成立するがわずかに三カ月分を保障したにすぎなかった。

西光は以後、『街頭新聞』紙上ではしばしば農村問題をとりあげているが、小作農にもっとも強い関心をよせた。たとえば、第一三号（一九三五年四月三〇日）では、南葛城郡大正村で小作たちは前年の室戸台風による被害をあげて小作料の五割引を要求したが、地主は聞き入れず、裁判所に全額の支払いをもとめ、裁判闘争となったことを、「時世を見ずして我利一片に農民を搾圧せんとする悪地主に非難が高まって居る」と報道している。さらに第一五号（六月一〇日）では同村の農作の事情をくわしく紹介するとともに地主の言い分に道理がないと批判した。あわせて、被告となった小作農が国社党農民委員会に所属する農民組合員であるが、この組合は「日本主義の農民組合であって、太古のタカマノハラのやうな階級搾取のない世の中を現代的に新しい形で現そうとする組合である。タカマノハラが天照大神を中心に、皆が同胞的に共に働き共に楽しむ《(ん)》だやうに」と持論を展開した。同号ではまた、「農民も生きねばならぬ」と小作人の耕作権を擁護し、地主の土地取り上げに反対し、貧しい小作人の立場に立ったのである。そして、西光自身、この裁判で被告の小作農の側で弁護した弁護士吉田賢一のひきいる皇国農民同盟に加盟して農民運動にたずさわることとなった。

皇国農民同盟奈良県連合会は一九三七（昭和一二）年一月一七日に高田町で結成された。全国農民組合奈良県連合会委員長であった駒井菊松が西光の思想に共鳴して、皇国農民同盟にうつって県連仮事務所をおき、準備につとめたが、西光は積極的に支持した。西光は「中国との戦争中、すでに日農が運動をやめていたときも、私たちはなお小作争議をつづけていた。けれども戦いの拡大とともに外からはおさえられ、内からは崩れて解散した」（「略歴と感想」）と記している。

経済更生運動のなかで　被差別部落に対する政府の施策は一九三〇年代にはいって大きく転換した。一九三二（昭和七）年には内務省の外郭団体である中央融和事業協会は、部落の自力更生と経済の立て直しをめざす方針をしめした。全国にモデル地区を設けて、更生計画をたてさせ、農事実行委員会などをつくってその実現をめざした。この経験のうえに立って一九三五年、協会は融和事業完成一〇カ年計画を作成して、一九四五年までに部落問題の解決をはかろうとした。しかし、この計画は当初から十分な予算がつかないまま、日中戦争の勃発によって流産してしまった。

奈良県では、一九三五年八月、さきにあげた大和同志会の主催で県下八カ所で経済更生座談会を開いているが、西光は御所《ごせ》警察署で開かれた南葛城郡の座談会に出席して積極的に発言している。西光は、掖上村ではすでに一〇カ年計画委員会を組織し、大字ごとの区民代表機関として区会に提出することになっていると、すでに地元では取り組みがはじまっていることを報告した。また、柏原では人々はよく働くが、「都会の大資本に圧倒されてゐる有様で、膠《にかわ》、桐、婦人の手仕事に至る迄、資本家の産業の影響を受けて居るが、之等を統制する必要がある」(「融和時報」大和同志会版、一〇月一日)と述べている。西光は先述の産業組合運動に期待したところを、地元の運動として経済更生運動にもとめたのであった。一二月二一日には大和経済更生会南葛城郡部会が結成され、会長に阪本清一郎がえらばれ、西光は理事となった。

経済更生会の組織は奈良県下にひろがり、県連合会の結成がめざされるが、一九三六年七月二七日には南葛城郡協同経済更生会――名称が変更されているのは先の名称があまりにも大和同志会の色彩がつよすぎたからであろう――は、部落改善事業についての見解をまとめた。その根幹は実施されようとする経済更生事業が「依然として個別的断片的であって何等集中的共同施設が挙げられてゐない」点への批判であった。これまでは部落に浴場や保育所を設置するにしても個別でバラバラであった。「各地区が単独で行ふよりも共同でその力を集中して統一的に組織的に行ふ」ことを主張した。「授産場や作業場や職業紹介事業や生産組合、日雇者労働組合等にしましても、出来るだけ集中的に経営し、組織する」ことをもとめた。部落ごとにまかせたならば「各区で近視眼でものを見るやうに、いはゆる区の実情にとらはれ過ぎて、勝手勝手な組合を造って、おたがひにヘンな商売競争でも始めかねないやうでは全く困ったことでせう」と指摘した。そして、共同で行う製品の販売、原料の購入にしても、無駄が出ないように「出来る限り初めから資本も組織も集中的にして経営の統制もとれやすいやうにする」ことをもとめた（『街頭新聞』号外、一九三六年八月二日）。

役所が補助金を出して実施する事業が誘致合戦をまねいて問題をおこしているのはよく見られるところであり、部落の改善事業もごたぶんにもれなかった。南葛城郡協同経済更生会の主張はまた「分捕主義」とよばれるこの悪弊を絶つことをもとめてであった。この主張は認められなかったが、ともすれば政府の指示だけをこなしておれば十分だとした役人には煙たかったにせよ、経済更生運動に新風を吹き込んだのはたしかだった。

この意見は西光というよりも、阪本清一郎のものであった。西光は経済更生運動に「利己主義を基調とする資本主義経済制度の没落と、新らしき協同経済社会建設の雄々しき努力」をみた。「利己的資本主義を排除し、その制度の上に立つ現在の政治組織を改革せずしては、国運の進展も、国民生活の安定も期し得られず、又、我々部落民の望む根本的経済更生も秋夜の夢に終るのである」というのだ。そして「我等は之等の協同組合を、単なる自己の利益をのみ図る為に利用するのではなしに、搾取なく、圧迫なき共存同栄の新社会建設への協同更生運動なることに自覚を喚起し、我々の根本的経済更生に向って全力を傾注すべきである」（『街頭新聞』第三一号、一九三六年一一月二〇日）と述べたのであった。

協同事業の進展

日中戦争直後には掖上村では同村戦時対策協議会をつくって長期戦にそなえた。そこでは、村内生産力の維持と拡充、村民生活の堅実化、銃後義務の責任遂行がめざされたのであった。北方での経済更生運動も順調にすすんだ。戦争がはじまって間もなくの一九三八年の北方はつぎのようだった。

託児所が設けられたのは北方だけだったが、成績がよく外の大字《おおあざ》（区）からも子供がくるようになって六〇人ばかりに増えていた。保母は西光の妻美登利が病気でやめたあと、妹の美寿子がつとめていた。北方に設けられた共同浴場もひろく利用され、柏原村の各区からはもちろん、ひろく南葛城郡内からも入浴にくるものが多かった。また、配給所が掖上村の産業組合員の出資によってつくられ、五〇〇点以上の品物をそろえて販売し、買うたびに渡される購買券をためておき、決算期にはその額に応じて払い戻しが行われ、組合費に充当した。消費生活組合運動がすすんでいるのだ。また、掖上村産業組合の仕事として倉庫が建てられ、作業所、醸造所の建設が予定された。そのほか、御所町に建てられた診療所、あるいは工業学校のなかに設けられた機械工養成の職業補導所にしても北方からの要求が原動力となって実現したのであった（『新生運動』第八号、一九三八年一二月一五日）。

戦時下のこの運動の中心は阪本であった。しかし、西光は劣らず力を貸した。一九四〇年には出産のさいには産業組合預入れの貯蓄通帳などを祝儀としておくった。通帳には「皇国日本のたいせつな同胞です。けだかくすこやかに成育してください」と印刷されていた。また七〇歳以上の老人がいる家には敬老日用品配給券、小学六年生以下の子供が四人以上いる家には愛児日用品配給券を配って米、麦、醤油、砂糖、諸雑貨など日用品を手数料を取らずに廉価で配給した。産業組合では村内産米の統制をはかり、村内各戸は飯米配給券によって配給を受けるようにした。これによって「二重配給や無統制なる村外移出を防」ごうというのである。これらを報告した西光は「神田」の設置を提唱した。そして、耕作反別のわずかな北方には共同耕作を提唱した（「国体的農村建設へ――村の二千六百年記念工作について――『日本論叢』第四巻一号）。

選挙応援の至軒寮の学生たち　前列左から２人めが西光万吉、後列右が穂積五一

選挙に出馬

西光は奈良県下で日本主義にもとづく活動につとめたが、一九三五（昭和一〇）年には南葛城郡から県会議員選挙、三七年には全県一区の総選挙に出馬した。一九二八年の労働農民党から総選挙に立候補したのにつづくものであった。

西光は選挙を理想的にすすめようとした。県会議員選挙では「立候補挨拶状も出さず、推薦状も出さず、ポスターも五、六回でやめて、演説会のビラだけで演説を二十三回ほどやりました」という戦いぶりだったのである。肉声でうったえることを通してマン・ツー・マンで票を得ようとしたのであった。費用はかからず、わずか五三円ばかりですんだが、得票は一、〇九一票で次点にとどまり、落選した。

一九三七年四月の総選挙には皇国農民同盟から立候補した。東京から右翼団体七生社の社員で至軒寮で生活していた穂積五一、飯田与志雄ら青年、学生が多数応援にかけつけ、選挙費用も穂積らのカンパによってまかなわれた。ポスターもつくらず、演説だけで有権者をひきつけようとした。このとき選挙活動にかけつけた穂積五一は「立候補のときも、全員自転車で奔走し、あと、立看板さえ立てれば必ず当選するからという、はたの者の切ない願いも、西光さんの神々しい魂は、遂にそれを受け容れようとはしませんでした」と回顧し（「西光さんの全集」）、楠本正三は「皆にぎり飯を腰にして自転車で全県を走りまわった。立看板は手製でなんとか間にあわせたが、張るべきポスターは一枚も印刷できなかった。金がないからである」（「人間・西光万吉を偲ぶ」）と記している。このとき大日本青年党の橋本欣五郎から選挙資金として五〇〇円ばかり届けられたが、貰うべき筋合いでないと返却したのであった。得票は八、〇三八票で候補者九名中八位で落選した。

西光のこの得票は一九二八年の総選挙よりも少ない。また、さきの県会議員選挙でも一九二八年のさいの南葛城郡の得票が一、三〇九票あったのに比較してやはり少なかった。この得票のあらわれかたからいって、「高次的タカマノハラの展開」をめざす主張はなお大衆的な支持を得るにはいたらなかった。

III　戦争の激化のなかで

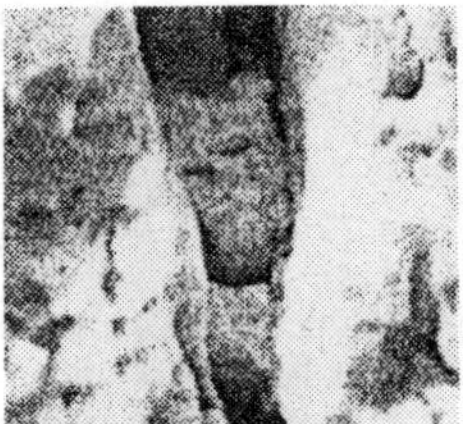

日中戦争のもとで

日中戦争の勃発

一九三七（昭和一二）年七月七日、北京の郊外盧溝橋で日本軍が発砲し、これに中国軍が応戦したのをきっかけに中国への侵略はますます拡大した。この日、西光は名古屋にいた。同地の愛知時計電機株式会社で国家社会党の指導する労働争議に参加し、ゼネストの準備にあたっていたのである。愛知時計電機では従業員六、〇〇〇人が愛国労技会という組織をつくり待遇改善を求めていたが、会社側は首謀者を解雇した。これに対抗するため、愛国労技会は戦争が開始された翌八日に馘首《かくしゅ》反対をもとめてゼネストにはいった。結局、一二日、警察と憲兵隊が介入することによって争議は解決した。二四名の解雇とともに従業員側の主張もいれた労資の懇談会をつくり、賞与や残業手当を支給するという条件であった。西光は指導者のひとりとして参加し、着のみ着のまま四日四晩をすごしたのであった。すでに労働運動の勢いが弱まり、労働争議も激減していた時期であって、西光自身「事変前の最後の労働争議らしい争議であったと思う」（「略歴と感想」）とふりかえっている。

西光は日中戦争をやむを得ない戦争だととらえた。のちに西光は、「中国との戦いは、全く心苦しいことであった。けれども、私は、結局は阻止しえないことであり、これが永く大きな戦いになることも、いわゆる帝国主義的宿命であると想った」（「略歴と感想」）という。この西光の見方の背後にあるのは、資本主義の最終の段階では帝国主義戦争は避けられないとするマルクス主義にもとづく認識であった。日本軍が戦っている本当の敵は、中国の蔣介石政権ではなく、その背後にいるイギリス資本とソ連の思想だと考えた。そして、日本軍の侵攻を「高次的タカマノハラの展開」をはかるものとして支持した。

「高次的タカマノハラ」とは、これまでにしばしば指摘したように、西光にとっては、搾取や抑圧のない理想社会であった。そして日本軍はその使命をになった軍隊だとみなした。それは、西光が日本軍に託した夢であった。「皇軍はつねに金鵄の光栄の下に進んでゐる。即ち、奉持する軍旗はまさしく高次的高天原の展開を予告する神聖宣言である。さればこそ、まつろはぬ民衆にもまつろふ心を起こさせるのである」と述べた。そして「如何に皇軍が貴い犠牲を払って彼地の『まつろはぬ』民衆をして『まつらふ』心を起こさせても、其の心を哺育養成して真に我等の不退転の同行、一如の同胞たらしめるべき政治方針に過ちがあり、諸政策に怠りがあっては実に遺憾千万である」という。西光は、戦争を拡大することよりも、日本の政治のありかた、政策のすすめかたに目をそそいでいた。だが、西光が現実に侵略を行っている軍隊を理想によって描きだしたことは、理想をもとめたではすまないのであって、まごうかたなく日本の侵略を美化したのであった。

大日本国家社会党は日中戦争が勃発したころは、資金不足などで党勢はふるわず、しぜんに解党した状態であった。軍部内に桜会をつくって三月事件、十月事件などのクーデターをくわだてた陸軍大佐橋本欣五郎は二・二六事件のあと退役を命じられた。その橋本は大日本青年党をつくって頭領となり「飛躍的大日本国家体制大綱」を発表し、一九三六年一〇月結党した。西光はこの党に近く、一年後の三七年一〇月に開かれた第一回全国大会に来賓として出席し、祝辞をおくっている。

同党はなによりも組織の拡大をめざして党員の一〇倍化をめざした。西光はそのもとめにこたえて、亀本源十郎や木村京太郎、中村甚哉ら、かつて治安維持法に問われて懲役刑を受け、釈放された人々を勧誘して入党させた。亀本らは『新生運動』を創刊して政治活動につとめ、西光も毎号に巻頭言はじめ論文を寄せるなどこれに協力した。しかし、西光自身は入党しなかった。これは穂積五一の影響であろう。政党の宣言、綱領を軸としてすすめる政治への望みを絶ったのである。

そして二・二六事件、日中戦争の勃発のなかで軍部の力が強まり、政党が政治を動かすことができなくなっていった。もはや、政党は不要であり、これにかわる政治結社と、なによりもその理念が必要だと西光は結論づけたのであった。

政党解消論　惟神への道

一九三八年の秋、西光は『惟神への道』を刊行した。すでに西光が力説してきた「マツリゴト」に奉仕し、「高次的タカマノハラ」の展開を祈念するミソギの実践こそが「惟神」すなわち「神ながら」の道であり、政治の根本であると主張したのだ。いわば、これまでとなえてきたところをさらに純化させ、理念化したのであった。

西光は、政治がすでに行き詰まりにおちいり、新党の結成を求める運動がみられても、議会において「白昼公然と利敵、破廉恥、暴行などの罪科にも問はるべき言行をなす」状態では打開の可能性はないとみた。そうした既成政党はすべて解消するほかなく、かわって神ながらの道にのっとった「惟神講」の結成を西光は提唱した。そこでは、国家的な重要決議は、すべて伊勢神宮、橿原神宮、明治神宮などの神前祈願によってなされる。その場合、祈願者は数日ないし数ヵ月にわたる特定のミソギが必要であって、そうしてなされた神前での決議には全講員はしたがわねばならない。通常政治を動かす学識、経験、資金や政策は第二義であって必要不可欠なのは「信仰」であり、すべて「神意を仰ぐのみ」だという。いわば、祭政一致の政治の実現を西光はもとめた。政治は「聖事」と観察され、「(議員は)つねに禊祓《けいばつ》を怠ることなく聖事マツリゴトの翼賛に精進し、よって聖事を冒瀆するときは、みずからの血によってミソギするをつねとした。マツリゴト翼賛の聖堂には、首相より守衛にいたるまで、清浄白衣にしてミソギ怠りなき人びとのみ入るを許された」(「政党を解消するもの」)とイメージしたのであった。

およそ、政治の現実とは全くちがったユートピアとしての政治の姿が描きだされ、その実現をもとめた。のちに西光は「政治は真に聖事でなければならぬと想っている」と書き、「実際には政治はむしろ俗事でなければならぬという理由によって、その高い美しかるべきその理想までも、きわめて卑俗なものにしている。私はすべての人々にピュリタンになれとはいわぬが、少なくとも政党人だけはピュリタン的な清く正しい人であってほしいと想う。私ののぞんだものは日本的なピュリタンの党であった」と記した（「略歴と感想」）。当時、全国水平社は西光の主張を「神がかり」だと批判した。この批判はあたっているが、そのむこうにうかがえる西光のもとめたものまで見失ってはなるまい。

美登利の死

美登利は柏原北方の保母として生活費をかせぎ、西光を助けた。また選挙などのときにはかいがいしく裏方をつとめた。お握りをたくさんつくっておいてお櫃《ひつ》のなかにしまっておき、演説会場からもどってきた学生たちがその蓋を開けて歓声をあげるのを「子供のように喜ぶのが楽しい」と語っていた美登利の言葉を妹の美寿子はよくおぼえている。西光もまた「学生と妻」という文章を書いたことがあったといわれる。

だが、美登利は病弱で、保母の仕事をながくつづけることができなかった。病気で保育所に行けないときは西光がかわった。美登利の妹美寿子は「子どもをみるのは西光のほうが上手だったようでした」という。一九三五年の春には美登利は保育所をやめ、美寿子がかわって保母となり、姉夫婦の生活を支えたのである。具合いがよくなると美登利は内職をしようと、表編みを習いにいったり、半襟の刺繍の講習会が近くの誓願寺で開かれるとそこまで出かけたり、あるいは毛糸編物をしたりした。しかし、保母をやめると同時に移った県営住宅には全国から西光の知人たちが毎日のようにやってきて、客が絶えず、隣の宿屋とどちらが客が多いだろうかと村人がうわさしたほどであったから、美登利がいくらかでも内職で稼ごうとしても、その余裕はなかった（清原美寿子「姉の思い出」）。

どうしても必要なので西光が知人から金を借りたが、帰りみちに気の毒な百姓に出会うとその金全部を渡して、待っている美登利のところには手ぶらで帰ってきたことがあったという。西光の家は家具らしいものもない質素なたたずまいで、穂積五一が泊まった翌朝の食事も一汁一菜にすぎなかった。簡素な生活であった。そのなかで病身の美登利はなんども病気でたおれ、五年のあいだに三度も入院せねばならなかった。入院がいまのように自由ではなく、かなり重い病気をしても入院することの少ない頃のことである。美登利の兄小林完が医者で、身体が悪ければ入院するのは当然だったが、その生活感覚が西光には合わなかったのであろう。西光は入院する美登利に「世の中の貧しい人たちのことを思ってくれ、医者に手を握ってもらえないで死んで行く人がたくさんあるのだ。あなたは私の所へ来るのにそれ位の覚悟をして、来てくれているのだろう」とにがい言葉をあたえたという。だが家での西光の看病ぶりは、美寿子が「西光は自分でする看病は、病人である姉を、やさしく親切に介抱しました。私が一緒に姉の看病をして、こんなにしてくれる男の人って世の中にあるのだろうかと思って感心したほどでした」と記したように徹底したものであった。一九三八年にはいって美登利の病気は深まり、一二月一〇日に死去した。享年三三歳だった。

美登利夫人　1937年頃

美登利の最後を西光はつぎのようにつづっている。

私の妻は、結婚後五年間、実に親切に私を助け励ましながら、貧苦と病苦の生活をつづけて死んだ。

貧苦にも病苦にも耐へて一筋に、我を助けし、妻細り行く
あわれ、あわれ、我らの道の高かりき、我らの生命いさましかりき

私は、こんな歌を書いて、再起しがたい病床の妻の見やすいところへ張りつけた。彼女は楽しそうに見ていた。ある日、彼女は私に『私たちはいつも新婚の日のようでしたね』といい、『私は明日死にましょうね』といった。彼女はしずかに微笑んでいたが、頬には涙が流れていた。そして、そのとおりに死んだ。二年後、彼女の妹が私と結婚した（「略歴と感想」）。

満州国を視察
――老子の無為

一九三九年一月、奈良県で行われた県会議員の補欠選挙に対立候補がなく当選した。思いもよらないことであった。その在任中に県会議員団の視察旅行があった。その内容は慰安旅行なので、潔癖な西光はそれぞれが目的をもって視察することをもとめた。だが、長年にわたって視察旅行とは名だけで、じつは酒と女とあそぶことが目的の旅行に慣れきっている議員たちは議席を得たばかりの西光のまじめな提案に耳をかたむけるものはなかった。西光はひとりで満州にわたり、各地を視察してまわった。

西光ははやくから政党にあいそをつかし、軍人や革新官僚に期待を寄せていた。だが、満州での視察は予想をうらぎった。建国にあたってかかげられた「王道楽土」のスローガンは、生産力第一

をとなえる国務院総務長官星野直樹らによって邪魔者あつかいにされていた。どこにも、その理想を実現しようとする施策は見当らなかった。さきに見たように中国を侵攻する日本軍に「高次的タカマノハラの展開」をはかる理想を託した西光は、満州国の官僚となって行政にたずさわる日本人におなじような期待を持ったとしてもふしぎではなかった。どこかに「王道楽土」の建設に励むすがたが見られて当然だった。

しかし、どこにも見当らなかった。「実際には、日系の役人たちが威張り散らし満州人は小さくなっているのを見、また、正義心の強い人たちから現地の事情を聞いて、これではいけないと思ったので、満州国の各地至るところで、当時日系官吏の最高長官だった星野直樹氏のやり方に強く反対する意志表示をして回ったとのことでした」(「夫・西光の思い出」)と西光の話を美寿子は記している。西光自身、満州での経験をもとに「『わんとうろうとう』雑記」を書き、『日本論叢』の同年一一月号に掲載した。

「わんとうろうとう」とは王道楽土の満州語のよみである。このような題をつけたこと自体、王道楽土はもともと満州においてその他の人々のものでなければならないのにどこに消えてしまったのかという西光の痛みを精いっぱい表現している。そして、この文章では当時の一種異様な神がかった西光の文体はほとんどみられず、かわって老子や孔子の言葉が引かれ、ここに満州での政治の原点を求めたのであった。

首都とした新京(現・長春)にたちならぶ高層建築をながめながら西光は、そこですすめられている政治が民心から遠くはなれていることを痛感した。唯一の政治団体である「協和会の若い友人たち」の言葉として「その政悶々たれば、その民淳々たり。その政察々たれば、その民欠々たり」(心をくだいて政治を行えば、民衆はおだやかである。またよくよく問題のありかをつきとめて政治を行えば、民衆が文句をいうことはない）という老子の言葉を引いて、「新京や奉天にこのような建物をたてて得得《とくとく》たる人たちは、すこしは老荘的反省もするがよい」と語ったと記すのである。

五頭曳きの駄車《ダーチョ》にのって農村を見た。たずねたさきの土塀の一角からとびだしてきた「彼らはまさしく、土から現れた二本足の裸虫であった。全身土でできあがり、もちろん、脳漿《のうしょう》も心臓も泥で造られているであろうこの奇怪な裸虫は、どう見ても人間の子ではなく土の化生《けしょう》であった」のだ。西光のまえに立つ婦人が「いかに褲子《クーツ》(ズボン）をはき、桃色の襪子《ワーツ》(たび）をはいていようとも」すべて「あやしき土の化生、土の精」なのである。西光がこのように見たのは中国の神話を通してであった。つまり、眼のまえの農民は、まだ人間がいないときに、女媧《じょか》氏（伝説上の中国上古の帝王）が黄土で人間をつくったその人間にひとしく、アルカリ性の草も生えない地に放置されているばかりで、政治が全く及んでいない姿をみてとったのであった。

西光が腹にすえかねたのは星野の生産力第一主義であった。「王道楽土」は満州国の建国のスローガンであった。西光はこれを建国の理想、建国精神だと考えていた。星野はこれをおろして「厚生は職場から」にかえた。職場で一心に働くことによって生活は豊かになるというのである。もはや、理想は不要なのだ。西光は「ソ連にかつてできた新経済政策成金というのも、こんなものであろうかと思われるような満州ネップマンの話をいたるところで聞」かされたのであった。ロシア革命のあと、ソビエト政府はネップとよぶ資本主義的経営を制限的に認める政策を採用したことによって、金持ちを生み出したことになぞらえているが、満州でも建国の理想がかえりみられず、私の利益を追うもので充満し、星野ら新官僚が政策としてその傾向をおおしすすめていることに憤りをおぼえたのであった。

政治の大本は「無為」ではないかと西光は考える。孔子の「無為にして治するものはそれ舜《しゆん》か。夫《そ》れ何をか為さんや。己を恭《うやうや》しくして正しく南面するのみ」（論語）を思い起こす。舜の政治が「無為」だったからこそ、その下で禹《う》が土木工事に全力をふるうことができた。満州国唯一の政治団体である満州国協和会はこの「無」の立場から「国の行政状態や政策動向に対しても、つねに……政治批判や要請をなすべき」だと主張した。満州国は、近代国家としての機構を確立し、充実しなければならないが「充分《じゆうぶん》に古代よりのアジア的なものが考慮され、近代ヨーロッパ的なものを消化し、克服し、超越した、新しいアジアの型が創造せらるべきでしょう」と西光はいうのである。

満州国について論じた西光の文章に引かれるのが、老子や孔子であるのは、これらの言葉を通して「新しいアジアの型」の政治の創造をめざしたからであった。ここには「金鵄」は登場せず、おしつけもしなかったのである。満州旅行は星野に代表される革新官僚によって行われている行政が西光の嫌いな物質本位の生産力の増強に終始して理想を失っている現実にようやく気づかせたことにおいて意味があった。西光の神がかり的なミソギにもとづく政治論に自ら冷水をぶっかけたに等しかった。

穂積五一とともに

新体制運動への参加

中国は戦争をねばりづよい持久戦にもちこんだ。このため戦争はいつ終わるともなく泥沼に足をとられた状態におちいった。そんななか一九四〇（昭和一五）年は神武天皇が即位してから二、六〇〇年にあたるというので政府の音頭とりで奉祝行事がつぎつぎと行われた。そして、政友会総裁久原房之助の解党声明が政界に大きな反響をあたえ、近衛文麿を中心として政党を解消して新しい政治組織をつくろうとする新体制運動がすすみ、やがて全政党が解散して大政翼賛会が生まれるにいたった。

政党解消論については西光はやくから主張していた。したがって新体制運動に賛成であり、穂積五一とともに旧知で新体制運動を推進していた有馬頼寧に協力した。当時、近衛の政策集団である昭和研究会の下働きをしていた山本政夫は「有馬先生はそういう（永遠のロマンチストのようなヒューマニストだった）西光さんを尊敬し、西光さんの意見ならなんでも聞くといった風でした」と述べている（「永遠の思想運動家」著作集月報三、一九七四年八月）。山本はかつて中央融和事業協会にいた融和事業のすぐれた理論家であり実践家であった。西光は奈良においてすすんでその一翼をになった。「それによってある程度の国内維新も行なわれ、国際問題もいくぶんは好転するのではないか」と考えたのであった。けれども新体制運動はあまりにも西光のめざしたところとはちがっていた。西光のみるところ「その翼賛運動は早くも実質的には、旧政党人によって乗りとられて歪められた。それは新体制の仮面をつけた旧体制であった。そして、私は中央でも地方でも、翼賛会の旧勢力から、依然として赤とよばれた」（「略歴と感想」）のである。

一九四〇年八月、穂積は五・一五事件の三上卓らと右翼団体の団結をはかり皇道翼賛青年連盟をつくって新体制運動に呼応しようとこころみた。だが、あまりにも多くの団体が集まったためにまとまらず、翌年四月には穂積の至軒寮関係者だけが残るほどに孤立したのであった。ただ穂積が青年連盟を発足させたさいに刊行した『学生・青年運動』は四四年まで発行され、西光は論文のほか、短歌や時論を寄せて協力した。

有馬は一九四〇年一〇月に結成された大政翼賛会の初代事務総長に就任したが、「翼賛会はアカだ」との攻撃のまえに辞任し、昭和研究会も解散した。大政翼賛会の内部事情がまた西光を運動から退けたのであった。

至軒寮にて

穂積との友情はいっそう増した。しばしば上京して至軒寮にとまった。穂積がみた寮での西光の姿はこうだった。

台所の傾いた寮の、破れた畳に、チョコンと行儀よく座って西光さんは、つつしみ深く、お酒をのんでいなさる。酒の肴は、いつものように、小さいメザシ一尾である。何とも言えない満足感が、その全身をつつんでいる。私もキチンと坐ってそれを見ている。たのしくて仕方がない。二人だけの八畳の夜は、更けるにつれて、仙境のかおりがたちこめるのがつねであった。西光への敬慕の心がしみわたっているが、「三十余年の間、私たちは一度もむつかしい話をしたことがない。互に感じ、学び、敬し、そして行ってきたのである。西光さんの話というのは、いつも、和《なごや》かであった。お酒のときは特にそうであった」と書いている。穂積は「西光さんの酒はほんとうに〝よいお酒〟で酒仙とはこのことを言うのであろう」と感じさせられた。酒は「惣花」という宮中でもちいられる特別の酒であった。二合か、三合、先生にあたる人からわけてもらったその酒を穂積は西光のためにとっておいたという。時には手紙のはしに「お酒がとってある」と書いて西光の上京をうながしたこともあった。

かわされた話のなかから穂積はひとつだけあげて思い出をむすんでいる。農民運動のさいの話である。わずか一升の酒をもらっただけで農民は地主の陣営にうつってしまう。「こんな時分のときは、いくら努力しても、お百姓は動かず、組織もできない。やっと少しかたまりかけても、その組織はいのちのないもので、すぐに駄目になってしまう。〝なぜだろうか〟と西光は思い悩む。「フト、気づいたことがある。自分の思想を正しいと思い込み、それで相手を説得してもどうにもならない。お百姓は何百年もの間、軽蔑と貧困のうちに生きて、貪欲といわれる性格ができあがっているのである。お百姓のその歴史を、善も悪もそっくり自分が背負って行くしかない」。「そう気がついたとき、いつもお百姓と心がつながって、いきいきした組織が自ずと急速に生まれてきました」。

「仙境」での問答はこうであった。

酒好きであった。至軒寮で出会った神兵隊事件の被告毛呂清輝は、酒が手にはいらなくなって、代わりに酢を飲んでいる西光を見かねてどこからか酒をみつけてきて飲んでもらったことがあった。しかし、それだけではなかった。二・二六事件後、運動に懐疑的になり、また「青春の苦悩を抱いて彷徨し」つつ「デスペレートな中にも何かをはげしく求め」するどい眼をしていた毛呂に対して、「豹の眼のようだ」と評し、『戯曲　神兵隊』を書きたいものだと語りかけた。また、美登利の最後の模様をこまかに毛呂に話したこともあった。毛呂は「両手を動かしながら全身で話される熱っぽいあの素振《そぶ》りが、昨日のことのように鮮烈に私の眼底に浮かぶのである」と書いている。このほか、毛呂もまた「往年の農民運動のこともいろいろうかがった」という。

毛呂によれば「西光さんくらい、人と対して分けへだてしない人はなかった」。そして「運動とは創造であるというのが西光さんの信念で、いつまでも、左翼、右翼の公式主義にこだわっていることを軽蔑していた」のであり、「大和に生れたことを誇りとし、日本という国を心から熱愛し『人間の祖国日本』ということばをしばしば用いられた」のであった（毛呂「懐かしい人、西光さん」）。（穂積「訓え」）

東京では、西光は防空緑地網を学生、生徒を動員し、家屋疎開を実施することによって造成するように当局に説いてまわった。しかし、まだ太平洋戦争のはじまるまえで、防空演習こそ行われていたが、だれも敵機による空襲がじっさいにおこるなどとは信ぜず、耳をかたむけるものはなかった。

さきにあげたように西光は『学生・青年運動』の編集にあたり、葛城和比古《かつらぎにぎひこ》などの筆名で執筆につとめた。その内容は至軒寮に集まってくる学生や青年たちにも直接語ったことでもあり、また穂積や毛呂らがすすめようとする運動とも密接にかかわっていた。

孔子の夢――中国

西光が『学生・青年運動』に載せた論文でこれまで取り上げなかった点をみておこう。西光は政治の理想として「高次的タカマノハラ」の展開をめざした。しかし、それを押しつけようとしたのではなかった。すでに、満州視察の経験を通じて、老子の思想に思いいたっている。中国については孫文の政治思想である「三民主義」に関心をもち、これを孔子の思想と関連づけて理解しようとした。孫文の三民主義とは、民族主義、民権主義、民生主義であって、列強の植民地としての中国が独立をかちとるためにはなくてはならない要素だと説かれた。西光はその民族主義のうちに孔子の「夢」をもとめた。

孫文は中国をひとつの民族国家にまとめあげるためには、五・四運動に代表される欧米やソ連を理想とする新文化運動ではだめであって、「旧道徳」や伝統にもとづかねばならぬと主張した。そこで、重視したのは家族や共通の先祖で結ばれている宗族であって、これらを活用することによって民族にまで高めることができると主張した。「固有の道徳ありてこそ固有の民族的地位の恢復《かいふく》をはかることができる」とは、孫文自らの結論だった。西光が共感したのはこの点であった。

西光はこの孫文の主張が、孔子の「どこまでも『孝』を人間道徳の根本とし、国家の権威と性格をさえ孝によって貫かんとした」思想によって基礎づけることをもとめた。「孫文が、国家を覇道的なものとし、民族を王道的なものとして、民族主義にたつかぎり、知ると識らざるとにかかわらず、孔子の夢を追及せざるをえない」という。西光は「民族共同体は血縁的なものであり、ひっきょう『孝』がその道徳倫理の根本であるからである」と考えるのである。孫文が説く「民生主義」とは「資本主義が金を儲けることを目的とすることにたいし、民生主義は民を養うことを目的とするところ」にあった。孫文は民生主義は共産主義とおなじだと述べた。これにたいし西光は「血縁共同体の根本道徳が孝であるかぎり、民生主義にのみ民主的共産観念が許容さるべきはずがない」ことをあげて、論理的に不徹底だと批判し、民生主義とは「孝産主義」だという。「孝産」とは「私産はたんなる私産にあらずして、いうまでもなく父祖のマツリの不可分のものとして分与されたもの」なのである。そして、「血縁共同体としての近代的民族組織」の長は「どこまでも民主的な『公僕』ではなく家族的な『族父』である。利益あれば一朝にして選任し、損失あれば一夕にしてこれを罷免すべきではない」と述べたのであった（「孔子の『夢』を思う」）。

「孝産主義」という見慣れない言葉は、この時期に西光が社会の単位を家族ととらえ、血縁関係を重視していることをしめしている。個人ではなかった。

のちにふれるように一九四二（昭和一七）年、穂積らはチャンドラ＝ボースらのインド独立運動支援に立ち上がろうとした。西光はこの運動を理論的にささえようとした。この年、『学生・青年運動』に掲載された西光の論文は、インド独立運動の歴史の簡潔で深い内容をもつ紹介であった。

神に聴く――インド

西光をひきよせたのは、たんに運動のうえでの必要ではなかった。独立運動の闘士であるガンジーやネルー、そしてその師ヴィヴェカナンダが、まずはすべてを「神に聴く」ことから始めたことである。西光はヴィヴェカナンダの「社会的改革も政治も、インドの宗教という生命力をつうじて説かれねばならぬ」の主張につよい印象をもった。ヴィヴェカナンダはこれを宗教の領域にかぎったが、ガンジーは「神の探求を政治的行動によってすることを辞せず、宗教的精神による政治的行動の支配を率直に肯定し忌憚《きたん》なく実践した」のであった。西光はこの姿勢を高く評価した。反英運動を指導するガンジーは「われらの戦は、サチャグラハ（非暴力）の戦であって、神の力によって勝敗は決せられるのである。われらは人の力を根拠として戦っているのではな」く、それゆえに非暴力であると説く。「アヒムサ（不殺生）はかれの宗教的戒律であり、それはみずからヒムサ（殺生）せぬのみならず、対者のヒムサを止めしむるにある。したがって対者の手によるヒムサをも深く考慮せねばならぬ。でないと、それが無意義な犠牲の供給にならぬともかぎらぬ。そこにガンジーの祈りと断食がある」と理解した西光は「ガンジーの『人の力を根拠として戦うのではない』といったことばが、げんにわれら皇民自身にさえ、いまさらのように、ひしひしと実感してうけとれる」と述べた。西光はガンジーらの独立運動の底に流れている思想に打たれ、それを正確にとらえ、学び、若者たちに伝えようとした（「神に聴く政治運動」）。

西光は「高次的タカマノハラの実現」をめざし、それを日本だけでなく、すべての国々におよぼそうとした。その日本主義は、いたずらに日本神話をそのままにアジアの人々に押しつけるやりかたとはちがって、批判すべきは批判し、むしろ、尊敬すべき思想には深く敬意をはらうのを忘れなかった。西光が退けたのは、端的にいえば物質主義であった。理想を忘れ、生産力第一の革新官僚のやりかたには我慢できなかった。そして、老子や孔子に学ぶものがあると説いた。

西光は、老子の「無為」が政治をすすめるうえでもっとも大切だと述べた。これは満州国の星野総務長官ら革新官僚のやりかたが、あまりにもこまごまとしていて小手先にとどまって、理想を忘れ、民衆の生活という政治の基本を忘れさっていることへの批判だった。また、孫文の「三民主義」が、西欧、アメリカやソ連から学びとった新文化ではなく、中国古来の伝統を重視していることに共感を寄せ、持論によってその発展を期した。そして、ガンジーが人力でなく神の力にもとづき、神に聴きながら独立をすすめている姿勢に共鳴した。いわば、太平洋戦争下の全くの知的鎖国時代のさなかにおいて、西光は老子、孔子や中国の古典だけでなく、ヴィヴェカナンダ、ガンジーの思想やインドの独立運動について説きあかしたのであった。

近代科学批判

西光はすべてを日本神話に還元するほど偏狭ではなかった。たとえば、農業においても機械力の利用を積極的に主張した。増産のためには「機械利用、労働組織、農地調整の一如的共同化が問題となる」と述べ「機械利用にしても、農地調整と労働組織に関連せずして、その高度の能率を活かすことができず、農地調整もまた、労働組織と機械利用を無視しては、ほとんど無意義である」と説いた（「自作農化よりも協同農化」）。「農業電化ということがいわれてきましたが、それもたんなる力を電化するというだけではなく、地下と空中に電気をつうじ、あるいは特殊光線の放射浸透による増作法なども、いろいろと考えられましょう」と述べ、「こんにちの化学肥料が、自給堆肥に比して結果がかんばしくないとすれば、こんにちの速成堆肥がさらに短時日に熟成しうるような化学的方法の発見につとめねばなりません」と提案した。「われら若い農民は、光線放射のスイッチを押し、薬品撒布のハンドルをひくことをこそゆめみようではありませんか」というのである（「共同耕作について」）。

しかし、近代科学についてはつよい批判をいだいていた。すでに敗色が濃くなった一九四四（昭和一九）年のはじめ、西光は「こんにちの戦争は全人類の搾圧者たる米英によっていよいよいわゆる科学戦的無情を露骨にし、凄惨苛烈《せいさんかれつ》なる形相《ぎょうそう》を展開してきた。したがってこれに対抗して打ち勝つべく、われらもまたかれら以上の科学力をもって戦わねばならぬ」という。

「蒸気機関は改良され、内燃機関や電動機は発達し、物化学工業は分子配列のレントゲン写真からバクテリアの繁殖数字（ママ）までを利用して各種合成物の大量生産を行い、輻射《ふくしゃ》及び物質の電気的性質は発見せられ、原子の構造やその破壊に関する研究は進み、血液の生態や染色体内の秘密は追求されるなど、天体のスペクトル分析から神経系の鍍銀《メッキ》染色にいたるまで、まさしくかれらの科学的活動はめざましかった。日光を冷凍貯蔵し、剔出《てきしゅつ》心臓を培養生存せしめ、成層圏を翔《かけ》り、電波を飛ばし」たと科学の成果を列挙しつつ、「思い上がった科学盲信者はついにみずから神に代わらんとまでに増長した」として「もとよりその間において彼らはその祈りなき科学によってあらゆる罪業を積み重ね、まさしく悪魔にまで進化した」と西光は非難した。中世ヨーロッパにおいて宗教的権力のもとで奴隷的存在であった科学がルネサンスと宗教革命の波にのってギリシア科学への復帰をめざしたが、そのギリシアの科学がいわば科学のための科学であって、この方法それ自体が増長を生み出した源とみた。

西光は、そのギリシアの文明を生み出したナイルやユーフラテスの流域に発達した文明にまでさかのぼって科学を想起すべきだという。そこで生まれた文明は「明らかに敬虔《けいけん》な祈りの心によって生みだされた宗教の侍女であり、その啓示する宇宙の諸相はことごとく神の栄光に帰せられた。もとより祭司の手によって神殿で育てられた科学は、神の恩恵として役だつべきマナー（神秘力）とともに、冒瀆を許すべからずとするタブー（禁忌）」をもっていたのだ。そして、たとえばナイルのデルタ地帯に建てられた神殿の多くが真東に向かずに、夏至の朝日と向きあっているが、それはこの日の前後に来るからであり、それを人々に知らせるためであるという。また他の神殿が天狼星、その他の恒星の昇る方向にたてられているのも、古代農耕民族に、播種、収穫、灌漑、駆虫などの正しい時期を教え、あるいは干拓水利の事業を企画、遂行し、「民衆の生活に秩序と希望を与え、その心情に香気と光明とを生ぜしめ、もってその繁栄を保証する神の仁慈の表現であった」という。西光はここに、科学と技術のあるべきすがたを見出したのであった。

ギリシアの科学者はこれらの地で学術を学びながらこうした姿を軽蔑し、その後、科学的態度を誇る人々もこのような見方を嘲笑する。そこから神に祈ることのない「人間の科学」が生まれた。近代科学がそれであるが、「科学者は自己の業績にたいするなんらの世間的責任を負うべきでなく、その世間的責任は政治や教化に携わる者のみに帰せられるべきであるという非人間的立場から、したがって、その科学の道義的無性格のゆえに、邪悪への行使をも無反省になしうる」のである。そして、その例としてアマゾンのカフチェの樹液がアメリカの化学者によって「和硫」されることに成功したが、それがかえってかつてその樹液で沼地用の長靴をつくっていたインディアンの禍となったことをあげた。インディアン達は幾千幾万と女、子供まで、繁栄する「ゴム工場の犠牲となって、樹液採取のために強制的に原始森林のなかに追い込まれ、飢えと疲れと病と獣と蛇と、そして鞭と枷《かせ》と銃によって絶滅的な苦難をうけねばならなかった」のである。

西光は「魔道の先頭に立って、蒼白き馬に乗る死神の大鎌に似た祈りのない科学をふりあげて、血に酔い肉に肥《こ》えふとり逞しき独占資本に跨《また》がって進む者こそ、まさしくアングロサクソンであった。そこには戦時と平時との区別はなく不断の搾圧闘争、仮借なき弱肉強食の修羅場が展開されてゆく」と書いているが、なによりも戦後の日本にあてはまるのであるまいか。

西光は「われらの望むのは、かかるいわゆる科学者の科学ではなく、祈りの心から生まれる人間科学である」という。ナイルやユーフラテスの文明にまでさかのぼったのはそのためであった。そして、あらゆるものをつらぬく「いのち」という汎神論を主張する。「はたしてわれらは太陽や原子核や染色体の奥深き内部から、その神秘の扉を透過してくる、天地の初発のとき、高天原《たかまのはら》に成りませる神々の光を感じないであろうか。中性子が、その爆射する原子核の反応によって行う自己増殖のうちにも、生殖細胞が繰り返すいのちのつながりを見ないであろうか」という。このようにのぞめば、「未だわれらの感覚しえざる生命現象が宇宙に充ちていることを思い起こさざるをえない」し「かくて、科学はすべてのものにいのちを観た神殿への回帰を思う」という。宇宙の森羅万象に対して敬虔であることをもとめたのであった（「祈りの心と科学的態度」）。

転居――美寿子の里へ

西光と小林美寿子が結婚したのは一九三九（昭和一四）年二月一一日、紀元節の日であった。美寿子は二五歳、亡くなった美登利の妹である。美登利が病で倒れたあとかわって保母となったばかりでなく、家計をせおってきたのは美寿子だった。西光はいつも柏原の人々の「私達はみす子さんに養ってもらっているのだ」（「姉の思い出」）と語っていたという。結婚当時、美寿子は和歌山県那賀郡田中村西井坂の実家に帰って医師である兄小林完の診療所を手伝っていた。結婚後しばらくは西光が柏原から西井坂をたずねる形をとった。美寿子はこの点を、「搾圧されつつあるアジア諸民族の解放と、祖国日本の維新浄化のため」に奔走して、西光は「家にいる日が少なく、各地の同志を訪ねた。その当時は東京へ行くにも大阪から夜行で一二時間もかかり、その遠い東京へも、近くの街でも行くように、たびたび行きました」と書いている。美登利に対してもそうだったが、美寿子に対しても、西光はけっして今ふうの夫ではなかった。

それでも、家計は美寿子の収入だけではまかないかねた。西光の運動と人柄に深く傾倒していた義兄の小林完・孝子夫婦が生活費をおぎなったのである。一九四一年の暮れ、完は近くの岩出町に移って開業することになった。空き家になった西井坂の家に住まないかとの話が完夫婦から西光のところにあった。西光はこの申し出を受けることにした。

一二月八日、朝のラジオは日本の空軍がハワイを急襲し、軍艦、航空機はじめ多くの施設に大きな損害をあたえ、勝利したとくりかえし報道し、つぎつぎに伝えられる勝利の報道に人々は酔っていた。西光夫婦が掖上村から西井坂に転居したのはこの日だった。西光は、当時「大東亜戦争」とよぶこの戦争を支持した。一九日には「大いなる戦《いく》さおこりぬ此世界を　修理固成《つくりかた》めの大いなる戦さ」「天地もおどろおどろと鳴りひびき、十億の民甦《よみがえ》らむとす」などの短歌五首をつくっている。

国内の維新をめざして

穂積は至軒寮を軸に、皇道翼賛青年連盟をつくって近衛や有馬のすすめる新体制運動に協力しようとした。さきにみたように至軒寮が発行した『学生・青年運動』は事実上の機関誌であり、青年や学生の結集をめざすものであった。西光は各号に論文などを発表するだけでなく、編集にもあたった。

それだけでなく、青年連盟の活動にも積極的にかかわった。一九四二年はじめ、東条英機内閣は戦争遂行のために政治勢力の結集をはかって翼賛政治体制協議会を結成し、四月に行われる総選挙の立候補者の推薦を行わせた。いわば、挙国一致の名のもとに政府の息のかかった議員が多数をしめることによって議会を思いのままに動かそうとしたのであった。そのためには、財閥や旧政党人にも協力をもとめた。だが、財閥、旧政党人などを一掃して政界の浄化を主張していた急進的な国家主義者は敬遠して近づけなかった。

穂積ら青年連盟はこの動きに反対であった。三月、穂積らは、財閥や旧政党人がリードする選挙と旧政党人たち現状維持派の排撃をうたった純正選挙期成協議会を開いたが、西光は出席している。それだけでなく、その後、開催された粛正選挙演説会では至軒寮を代表して穂積らとともに演壇に立った。西光は「過去の議会に於ても総動員法に反対した政党財閥は、大東亜戦争に対して協力せず、それが翼賛選挙と言っている。天皇の御名によって召集された清堂議会を冒瀆醜堂と化する既成政党を排撃せよ」と持論を展開した（「特高月報」一九四二年三月分）。

皇道翼賛青年連盟はアジア諸民族の運命にもつよい関心をいだいた。一九四二年七月、西光と近しい毛呂清輝らが世話人となって右翼団体有志によびかけ、印度独立支援大日本青年同盟を結成、インドの独立運動を支持し、援助しようとした。この動きを察知した軍当局はこれに干渉を加え、具体的な運動をすすめることを許さず、活動を研究会の範囲にとどめた（「特高月報」一九四二年七、八月分)。満州視察で革新官僚の政治のすすめかたに批判をもっていた西光はインド問題にその関心をいっそう高めた。遺されている西光の蔵書にインド関係のものが多く、またそれらの本の多くがこの当時の発行であるのは、このことを物語っている。それだけでなく『学生・青年運動』にインドの独立運動を紹介し、毛呂らの運動を理論的な面で助けた。

西光自らが書き残したところによれば、東京での西光は政府や大政翼賛会に対してさまざまな建議を行ったという。そのひとつは、一九四三年七、八月にドイツのハンブルクが大空襲にあって死者三万人をこす被害を受けた直後である。持論の家屋疎開による防空緑地網の設置をもとめた。すでに日本では前年の四月に小規模ながら東京、名古屋、神戸が米軍機の空襲を受けていたが、ことはいっこうにすすまなかったという。このため、掖上村で縁故疎開の案をたてて実行に移そうとしたが、はやまったことはしないように奈良県当局からとめられている。

一九四三（昭和一八）年九月から一〇月にかけて皇道翼賛青年連盟関係者として五五名が逮捕された。穂積や毛呂がふくまれ、至軒寮からは七名が拘引された。容疑は東条内閣の打倒をはかったことにあったが、起訴されたのが四人で、しかも筆頭の毛呂が「不穏文書臨時取締法違反」に問われたに過ぎなかったから、それほど実態のともなったものではなかった。だが「大東亜戦争開始後に於ても未だ猶《なお》資本は其の超国家的性格に基き、利潤を追求して国策に添はず、東条内閣は歴代内閣と同じく強大なる財閥の政治力に圧せられ、適切なる戦争遂行施策を為し得ず、戦局の推移、食糧事情の逼迫《ひっぱく》、公債消化困難等を観るときは、近き将来に於て重大なる危機の到来必至にして、財閥は其の機に当り自己の利益を顧慮し、対英米和平を策する可能性あり」との情勢についての認識をもったとの同志の一人小島玄之に対する起訴状の指摘はそれほど間違っていたとは思えない。穂積や毛呂だけでなく、西光もこのように思っていたにちがいなかった。

つづけて「戦争完遂」のためには「資本主義制度を根本的に変革し、財産奉還の大眼目を打樹つる要」があり、そのために「金権幕府的政治指導的性格」に堕落した東条内閣を打倒し、「軍政的強力政権の出現」にそなえようとした。内閣打倒の実際的な計画はなかったにせよ、至軒寮の同志たちがこう考えていたとしてふしぎではなかった。

このとき、すでにガダルカナル島に米軍が上陸、アッツ島での守備隊全滅のニュースが報道される一方、国内とくに都会では食糧、ことに主食の米が不足して、法をやぶって農家まで買い出しにいかねば暮らせないありさまだったのである。

西光は穂積らの逮捕のさいの気持ちをこう書いている。「しかも日本の反省者はおさえられ、無反省者ははびこった。東条内閣は私の友人たちを捕らえなどした。私も日本がこんな無反省のままではよい結果をえるはずもなく、したがって、むしろ負ける方がよいとしみじみとおもった」(「略歴と感想」)。

労働の現場で、そして建議

西光は至軒寮をねじろとしてさまざまな活動を行った。しかし、そこにとどまってではなかった。西光自身「私は、あるいは炭坑の底や、鉄工場の隅で疲れ

炭坑勤労報国隊に参加　後列右が西光万吉

に喘《あえ》ぎながらも、国内浄化について考え、あるいは大空襲下の焦熱地獄の東京都を、維新を想いつつさまよった。私は同じ敗けるにしても、もう少しなんとか条件のつくような敗け方をしたいと想いつづけていたのである」（「略歴と感想」）と書いている。

炭坑では坑夫となって働き、鉄工場では旋盤工として金属をけずった。

一九四四年一月、掖上村に帰った西光は共同浴場組合から、北方からも九州の炭坑に隊員二人を送らねばならないのだが、行き手がなくて困っているとの話を聞いた。西光は「歳も五十になり、どこが病ということもないが、体力も弱い私はさいしょから仕事のうえで他の隊員についていけるとは思いも」しなかったが、「こんどはともかく私がいかせてもらいます」と申し出た。受け入れられて、福岡県嘉穂郡の三井三池炭坑におもむき炭坑勤労報国隊員としてモッコをかついで石炭を運ぶ肉体労働に従事した。坑内では先輩になる若い朝鮮人労働者が「先山」となり、西光が「後向き」となって仕事をすることもよくあった。仕事は能率よくすすまなかったが、「先山」は、西光の「忠実な心と働きぶりを認めて」しばしば休ませてくれたこともあったという。また、勤労動員の中学生がやってきたがブラブラするだけで、引率のネクタイの教師は遠くで監視し、背広にふりかかる炭塵をはらっているばかりである。西光は休憩の時間を待って、生徒たちのところに行き話しかけた。ふたたび就業時間がきたあと、かれらは、がぜん大活動をはじめたのである。西光の仕事ぶりはだれもが認める精励さで、感謝状がおくられるほどであった（「炭坑勤報隊員の報告（手記）」著作集二）。

半年ほど、西光は和歌山市の軍需工場山東鉄工所で旋盤工として働いた。ここでも熱心にはげみ、「昼夜を分たず働き続けた西光さんは最後にはトリ目になり、それでも壁をつたい乍ら仕事を続けたという」のである。この年齢では「お国に奉公する道は一発でも砲弾をつくることだ」（楠本正三「人間・西光万吉を偲ぶ」）との決意からであった。このほか、柏原では松根油工場で航空機の代用燃料を掘りだした松の根からつくる労働にも従事した。

このように、西光は口舌の徒ではなかった。誰もがいやがる勤労動員にすすんで応じ、働いたのであった。その労働の合間にどのようにして、敗戦にそなえるかを考えつづけた。そして、東条内閣が総辞職したのち、上京して焼け野が原に立った。政府に対して政策を提案するためである。

その内容は政治、経済、文化など各分野に「維新的政策を確立し、断行する決意」をしめし、小作農地の自作地化、重要工場の国有国営化、労務管理の一元化、生活必需物資配給機構からの営利性の一掃を実行することによって国内の経済機構の一新をはかることであった。そしてこれを実行してのち、中国の重慶政府（国民党・蔣介石総統）と停戦交渉を開始し、白紙にもどって問題の解決の協議にあたることとなる。戦闘のうえでの敗北は避けられないと判断したうえでのことだった。まずは、中国との戦争を停止して局面の打開をはかるべきだというのである。しかし、すでに米ソ両国でヤルタ協定が結ばれ、戦後処理まで決められている状況のもとでは可能性を持たなかった。それよりもなんの地位も力もない西光の申し出が受け入れられるわけはなかった。「これもまた無力なルンペンの夢であった」(「偶感雑記」)のだ。

敗戦

一九四五(昭和二〇)年八月一五日、日本は敗れた。「生まれていまだないほどの深い恥じらいと慚愧《ざんき》と悲しみに沈んだ。私はただ祖国が戦いに敗れたから恥じ悲しんだのではない。日本がその悪業のために敗れ、自分がその悪業を浄化するための真の智恵と気力を欠いて、その悪業に引きずられていたからである。日本の悪業は、分に相応した私の悪業にほかならぬ」(「略歴と感想」)。

西光は、のちにそのときの思いをこのように書いた。死を決意した。

「昔の武士の妻は主人が切腹するときには、その介添えをしたものだ」と妻の美寿子にいって、薬を用意するようにもとめた。つよく説得された美寿子は「西光を死なせなければならないような心になっ」て、西光と致死量を調べ、兄の医院からモルヒネを持ち出した。「夕暮れ時、兄の家からモルヒネを持ち帰るときの悲痛な気持ちをいまだに忘れることはできません」と美寿子はいう。

九月一七日、西日本をおそった枕崎台風が通過したあと、西光は美寿子と義姉におくられて汽車で柏原にむかった。美寿子は「そのときは観念してしまったのか、泪《なみだ》さえ出なかった」という。柏原では旧知の山田敬義から預けていたピストルを受け取った。一九日、西光は詩を書いた。

台風過ぎ去りて、今朝秋晴れの空高く澄みとおる。
今宵月もまた真如の光り浄《きよ》く、我を照らすならん。
我れ国内維新と国際戦争に敗れたれど、
人間世界に対する愛情と希望に於て、些《いささ》かも失うところなし。さらばこそ、
我が人生の当然として、
寧《むし》ろ悦んでそのみそぎの道を行く。

台風過ぎ去りて今朝秋晴れの空に、
広々と明けてゆくより高い高天原《たかまのはら》を思い、
今宵照る月に、生々無限の惟神のいのちを想わん。

その夜、月の光のもと小学校の忠魂碑のまえで、美寿子の盛った薬をのみ、弾丸をこめ、ピストルを頭にあててしずかに引金をひいた。カチッと音がしたきり、弾丸は発射されなかった。もう一度念入りに弾丸を入れかえてこころみたが、やはり同じだった。三度は入れ直す気がしなかった。薬のせいで眠くなりはしたが、生命をうばうにはいたらず、朝方、山田の家に戻ってきた。自殺は未遂に終わった（「夫・西光の思い出」）。
ピストルを受け取ったとき、あやまって引金をひいて暴発したから、二度もこころみて弾丸が出

なかったことは西光にもふしぎだった。のちに西光はこのことを山田にたずね、「時たま出ないことがありますよ」との答えを得て、納得していた。だが、じっさいは山田が暴発したピストルを掃除するとき、弾丸がとばないように細工したのだった。山田はこの話を西光の死後はじめて美寿子に打ち明けたのであり、西光は死ぬまで知らなかった（山田敬義「故郷柏原北方と西光さん」）。

Ⅳ　戦後の主張——和栄政策

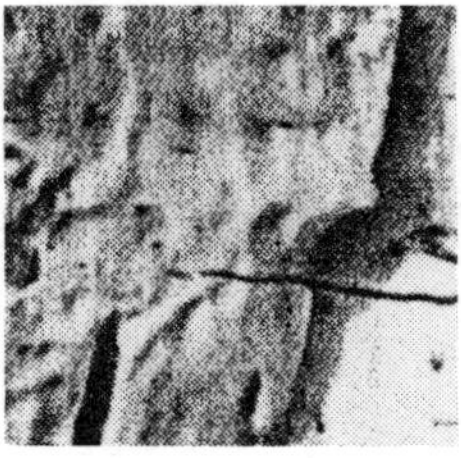

不戦への道

大なるこの悲しみよ／慚《はじ》らひよ、維新は成らず／国敗れたり。私は国内維新と国際戦争に敗れた。けれ共、なほ、人生と人間社会に対する愛情と希望に於て些かも失ふところは無い。さればこそ、我が「気枯《けが》れ」に対する責任を想ひ、寧ろ悦んで「みそぎ」の道を行かむとするものである。

戦後はじめに

西光は自殺が未遂に終わった直後の九月二八日夜、ペンをとり「偶感雑記」と題して、こう書きはじめた。戦争中の思想と行動をふりかえったのであった。人々がほとんど戦争協力について不問に付し、むしろ抵抗したかのように振舞ったなかで、西光は自身のなにが誤りであったか、なにが間違いでなかったのかをきびしくふりかえった。この反省なしに新しい時代をむかえることはできなかったのである。

その後、一九四七年三月九日にはアメリカの占領政策による公職追放令にそなえてであろう、「略歴と感想」を書き上げている。結局、追放にはあわなかったが、さきの「偶感雑記」をもとに、自らの生涯を記したものであった。いわば、この二つの文章は、戦後がはじまったばかりの時期に西光が自身の出発点を確認したものあった。

戦時下の言動に対する西光の反省は、自ら反軍国主義、反帝国主義を貫こうとしたが、じっさいは軍国主義、帝国主義の「道づれ」となったことにあった。西光は「私は、いわゆる軍国主義者ではない。いわゆる帝国主義者でもない。かつては、反軍国、反帝国主義運動をしたのだから――と思っていた。けれども、それは間違っていた。私は自分はどう思っていたにもせよ、事実は彼等の道づれになっていた」と自己批判をし、「いわば呉越同舟であったが、いずれにしても、同舟であるとすれば、覆没すれば彼等と運命を共にせねばならぬ事は当然である」と決意した。まず、軍国主義、帝国主義に加担したことを率直にみとめたのである。とくにイギリスをあげるのだが、「相手が世界最大の帝国主義国家であり、アジア民族の最大の搾圧者である限り、従って、それとの避け難い一戦を予想した時、私は一応は日本の帝国主義者と共に、それと戦う事も、止むを得ぬと思った。けれども、もとより私はそれが国内の帝国主義陣営への屈服や共鳴であるとは考えなかった」のである。だが、それはひとりよがりであって「私の考えはあまりに甘く、また多分に身勝手なところがあった」と述べたのである（偶）。そしてまた、この戦争が「さけがたい宿命の戦いということと、相手が最大のアジア侵略者であるということを、不当につよく観念したために、私は少しでも双方の犠牲を少なくするために、戦争中にもたえず対抗国の善意に訴えるべき自国の反省をうながさねばならぬという努力を怠りがちであった。これは自国の悪業に対する私の良心のマヒである」（略）ともいう。たしかに西光は戦争の拡大をさけぶよりも、国内の政治に道を貫くことをもとめてきた。しかし、その努力が足りないとつよく自己批判した。西光が「悲嘆はより大きく、慚愧《ざんき》はより深い」というのはこの点においてであった。

戦時下の西光を貫いた考えは、すでにくりかえしみてきたように「高次的タカマノハラ」の展開であった。それは西光の思想の基礎というべきものであった。これに誤りはないと西光はかたく信じてやまなかった。

すでに見たとおり、西光は私有財産を否定し、富の共同所有と共同使用を主張した。私有財産を共同所有に移すことを「奉還」といい、富そのものを「皇産」とのべた。この点は戦後においても間違っていないと考えた。そしてその理想的な世界は日本神話にもとづいて「高次的タカマノハラ」においた。「中心母性をめぐる同胞愛と共産財につながれた古代社会」がそれである。マルクス主義がしめすように社会主義へと歴史は移行するとしても、民族によってそれぞれの道があり、日本では天皇制のもとでの「皇産」の形式をとるというのである。

西光によれば天皇制とは「権力国家発生以前の原始的高天原《たかまのはら》から権力国家止揚以後の高次的高天原へまで貫き通ずる日本民族の史的理想の大道」と観ぜられた。そして、戦争と天皇との関係については「私は、今度の如き戦争は、必ずしも『天皇』の存在に由来するものでなく、『帝国主義』の存在に由来する」と述べ、「史的理想の大道」に「何故に『天皇』をかような存在として生かし得なかったか、という事について深く反省し、慚愧すべきではなかろうか」（偶）という。西光は宣戦を布告し、戦争の最高指導者だった現実の天皇のかわりに、西光自身の理想的な天皇像にもとづいて戦争責任を免責したのであった。

ここで、西光が物質観について述べているのは興味深い。西光は物質と精神、自然と人間を截然《せつぜん》と分ける見方をとらない。「動物と植物との限界を超えた近代科学は今や生物と無生物との限界をも超えつつある」ところから、「唯物の世界ではない、唯心の世界ではない、私は惟神のいのちの世界だと思う」といい、それから「高天原の世界観に生きること」となると述べるのである。「惟神」とは「高い大きないのちの連なり遵《したご》うて最も自然順調に」すすむことを指している（偶）。一九二〇年代、西光は西本願寺連枝の大谷尊由を批判するなかでマルクス主義をひきつつ、唯物論でもなければ、唯心論でもない立場をとると主張し、また個別の分析を退け、全体を認識することをもとめたことがあった。「惟神のいのちの世界」とはその帰結であり、「高次的タカマノハラ」の展開という思想を生み出したのであった。その後、この思想について正面切って論ずることはなかったが、戦後の西光の行動の底流だったのである。

戦後の二五年

「敗戦後、半年ほどして、私はようやく半病人生活から立ち上がるだけの気力を取り戻した。そして、妻と二人で一反たらずの耕地で米や芋を作りながら、美しい道徳と高い科学にかがやく人間の世界を夢みるような童話や戯曲を書きたいと想って書きはじめている」（「略歴と感想」）。これが西光の敗戦直後の生活であった。

一九四六（昭和二一）年五月、西光はふるくからの友人難波英夫の尽力で『童話　瑞穂の日記』を出版した。たしかに、その後、数多くの戯曲や小説を書いた。また、戦後に再建された部落解放全国委員会（のちに部落解放同盟）や日本社会党和歌山県連合会の顧問となった。だが、大日本国家社会党時代からの同志であった楠本正三がいうように「西光さんの戦後は『和栄隊論』でこり固まっていた。そして、それを情熱的にあらゆる方面に小さいリーフレットの印刷物で訴え続けて来た」（「人間・西光万吉を偲ぶ」）のであった。けっして閉鎖的ではなく、一九五一年頃には国家社会党や至軒寮の旧友たち、吉田賢一、大橋治房、寺島宗一郎、毛呂清輝、楠本らとの再会を喜び、また一九六五年には阪本清一郎や木村京太郎らが発足させた「荊冠友の会」には喜んで参加し、機関誌『荊冠の友』には毎号のように寄稿している。だが、組織や団体のなかでしかるべきポストにつき、力をもち、富を得ることとは無縁であった。ＮＨＫから水平運動について取材があったときも、西光が三時間も記者に語りつづけたのは「和栄政策」に尽きたのである。

美寿子によれば、旧知の穂積五一から、勉強するには東京には図書館など整っていて都合がよいからと何度も上京をすすめられたという。美寿子も田舎住まいよりも東京にいるほうが西光にとってよいのではないかと考え、穂積の申し出を受けてはと話した。だが、西光は和歌山にいるからこそ、じっくりと考えをまとめることができるといって、いっこうに聞き入れなかった。戦争中にはあまり帰ることのなかった和歌山県打田町西井坂の自宅に美寿子とふたり腰をすえて、和栄隊の実現をもとめる個人的な運動をすすめたのが戦後の西光のすべてであった。西光は和歌山の西井坂の自宅にいることが多かった。

近くに住む三浦正男は西光について「畑の一隅で裸麦と馬鈴薯を丹精こめて作られました」と記し、「此の頃からの先生は二、三年前の身体の弱られる（一九六八、六九年）迄は時々出て行かれたが、在宅される事が多く『瑞穂の日記』から後、次々と書かれていった様です。遠くから近くからよくお客様も見えられ、書かれたり、読まれたりした後の眼を休まされるため、近くの野道を多くは夕方よく歩かれました。野良で働いている人にも遠慮深く本当に気をつかっての散歩でした」（「西光先生の思い出」）と述べている。

瑞穂の日記――農村の改造　日本を占領したアメリカ軍は、矢継ぎばやに民主化政策をうち出した。軍隊は解体され、治安維持法でとらわれていた人々は釈放された。非転向の共産党員徳田球一、志賀義雄らはまるで凱旋将軍のようにむかえられた。憲法の改正や婦人の解放、労働組合の結成、教育の民主化などが指令された。東条英機ら高官が戦争犯罪人として逮捕され、近衛文麿は自殺した。日本共産党を先頭に戦争協力者に対する責任追及の声は日をおって高まった。この大きな政治的激動を西光がどのように受けとめたかは定かではない。

三浦があげた『瑞穂の日記』とは、正確には『瑞穂の日記（春の部）――新らしい日本の農村の夢』であって、西光が一九四五年秋、政治がはげしくゆれ動くなかで書きすすめたユートピアであった。先生に連れられて見学した架空の農業協同組合の工場の模様を瑞穂とよぶ小学生が日記に書いたという形で創作したのである。さきにふれた通り、西光は近代科学の限界について批判しつつも、科学や技術に関心が深く、有用のものは積極的に農業に利用しようとした。この工場は、科学、技術の知識がいかにして用いられているか、またどのような形で利用が可能であるかを具体的にしめすものとして描かれている。

たとえば、瑞穂が案内された「微生物培養室」では、ペニシリンやストレプトマイシンが製造されており、その用途については「敗血症や脳膜炎や肺炎等によく効くペニシリンや、或はチブス菌や赤痢菌をも退治するストレプトシスリン」と紹介されている。また、「赤い動物園」とよばれる室では、カレル博士の発明した組織培養法によって、牛や羊の内臓が生体のまま生きつづけ、これによって以前は「五頭の牡牛から取り出した副腎から僅か一服のホルモン・コーチン（コーチゾンか）より造れなかった」状態が改善されて、必要なだけ製造できるという夢が記されている。ペニシリン、ストレプトマイシン、あるいはコーチゾンは今でこそ特効薬として広く知られているが、敗戦直後の当時は海外にまで知識をもとめた医学者は別として、ほとんど誰もが聞いたこともなかった。西光はこうした薬品についてすでに情報を得ており、それを広く農民とその子供たちに知らせ、かつ農村において製造する希望をはぐくもうとした。

さらに、花咲先生の話として植物の品種改良が紹介されるが、アメリカでは水耕法によって八、九メートルもあって、おびただしい実がぶどうのようになっているトマトがつくられ、ルーサー＝

バーバングが草苺を六万種も育て、吟味し、また日本では卒右衛門父子二代によって品質のよい練馬大根がつくられたなどの例をあげている。また、「ロシアにミチューリンスクという町がある。その町の名は、もとはコズロフと云ったが、ミチューリンと云う、寒帯作物の品種改良家の、名誉を伝えるために改められたのだ。今ではロシアの、園芸研究の中心になっているそうだが、日本にも、そんな町ができないかな」とあるのは、西光の夢でもあった。西光のユートピアは、「開花ホルモン」で季節に関係なく「大きな黄金バラの咲き乱れる」まえで、白や黄の蝶が一〇あまりも舞っている光景でおわっている。

戦争によって都会も農村も疲弊しきっていた。その農村において科学と技術によってこれまでとはちがった製品をつくりだし、農作物を育てる未来を西光は最新の情報によって描き出そうとした。しかし、西光の戦後はじめてのまとまった作品が、『瑞穂の夢』であったことは、政治的激動の時期にあって政治にコミットできない、敗戦についての悲嘆と慚愧の深さをものがたっている。一九四五年一二月一日に書き上げられたこの作品は、前述のように翌年五月にふるくからの友人難波英夫によって東京の農村書房から出版された。

日本国憲法

西光は自らをふりかえるなかで「日本の敗戦後、戦勝諸国によって、インドをはじめアジヤの諸民族が、各自、その独立を承認されつつある事実は、日本に与えられた新しい秩序とともに、私に次のような感想をなさしめている。『日本は、その悪業のゆえに戦うて敗れ、その善業のゆえに目的を達した』」（「略歴と感想」）と書いた。

　戦争を支持した西光はその事実にきびしい反省を加えながら、そのなかでもとめた願いは否定しなかった。善業とはその願いをさしている。善業がもたらしたひとつはアジア諸国の独立であり、西光は穂積らとともにインド独立運動を支援したのであった。もうひとつとしてあげた「日本に与えられた新しい秩序」とは日本国憲法である。一九四六年の一一月三日に公布され、一九四七年五月三日に施行された日本国憲法は西光にとって思いもよらない収穫であった。戦後の西光が生きてゆく基準としたのはこの憲法であった。

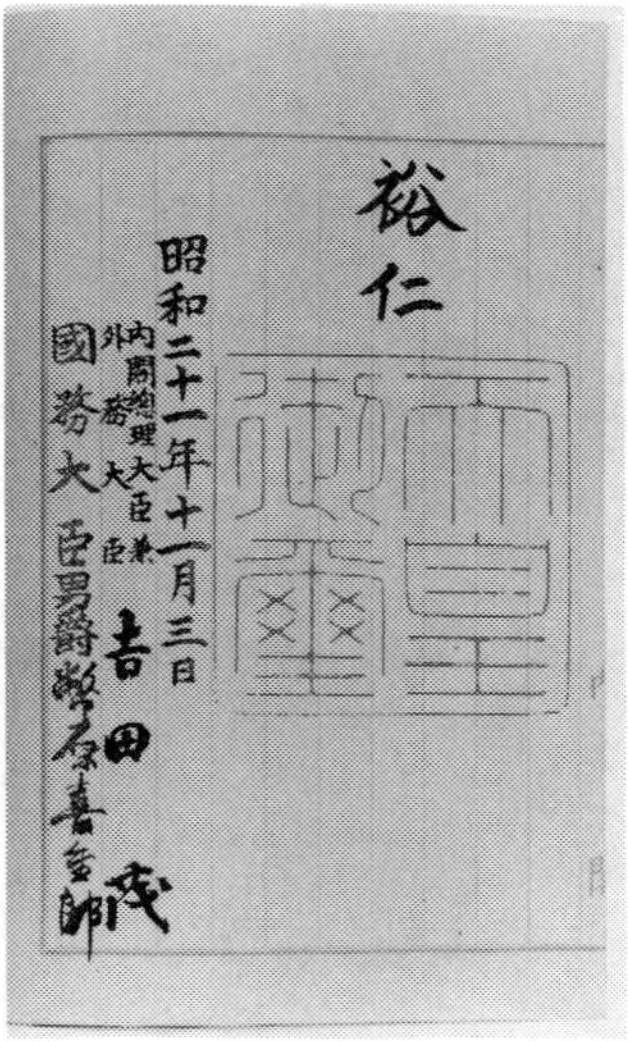

日本国憲法原本

　戦争の末期、敗色が濃くなったなかで西光は、『日本書紀』のなかの神武天皇の東征の記事から「皇師遂に長すね彦を撃ちて、連《しき》りに戦へども取り勝つこと能はず。時に忽然《たちまち》天陰《し》けて雨氷《ひさめ》ふる。乃《すなわ》ち金色の霊鵄ありて、飛び来りて皇弓《みゆみ》の弭《はず》に止れり。その鵄光り輝きて、状流電《いなびかり》の如し。是に由りて長すね彦が軍びとども皆迷ひ眩《まぎ》えて、復《ま》た力《つと》め戦はず」を引いたことがあった（『翼賛運動』第三九号、一九四四年八月一日）。敗戦をかさねた神武天皇の軍隊が金色の鵄《とび》の助けを借りて勝利した物語である。西光は、日本を敗北においつめている科学兵器の力を軽視しないが、真の勝利は「天上よりの惟神の光り、高天原以来のマツリゴトの光り」によって得られるのであり、その象徴が金鵄《きんし》だと説いたのであった。

西光は日本国憲法を敗北の日本に飛び来った金鵄だとみた。ゆく道はこの金鵄がしめしてくれる。周知のように日本国憲法は「政府の行為によって再び戦争の惨禍が起ることのないやうにすることを決意」したことをうたい、第九条を戦争の放棄にあてた。第二章の「戦争の放棄」を規定している第九条では「日本国民は、正義と秩序を基調とする国際平和を誠実に希求し、国権の発動たる戦争と、武力による威嚇又は武力の行使は、国際紛争を解決する手段としては、永久にこれを放棄する。②前項の目的を達するため、陸海空軍その他の戦力は、これを保持しない。国の交戦権は、これを認めない」と規定したのである。このように戦力をもたず、交戦権を自ら否定した憲法はほかに類例がなかった。西光にとってこのようないわば国際法の常識に合わない規定をもつ憲法が奇跡のように日本に誕生したのを見て、金鵄になぞらえたのであった。

かなり後になってこの点について西光はつぎのように書いている。

旧主権者天皇の詔書も、新主権者国民の憲法も、いずれも敗戦者の卑屈さから、戦勝者の足下に呈した不渡手形だと言う人々があります。

しかし私は、そうばかりだとは思いません。もっとも、戦勝者の勝手な要求があったにせよ、やはり多数の日本人は、原子兵器までつかう今の戦争の、悲惨極まりない現実に打たれ、それを見つめて、ついに、一応は「戦争」に対する人間的な反省から、その反省には各人に深浅の差はあったにせよ、終戦の詔勅にも従い、不戦憲法をも決めた筈です（「三たび不戦日本の自衛について」一九五三年）。

この西光の考えは憲法が制定された当時からのものと断言してさしつかえない。

西光は戦時中、しきりに「高次的タカマノハラ」の展開を説いた、いわば右翼思想家であった。そして、戦後もその主張を誤っていたとは考えなかった。右翼的な思想をいだきながら、日本国憲法をつよく支持した。それどころか、後述するように行動の原理とした。戦後、右翼の多くは憲法が占領下においてつくられたことをあげて、その廃棄と自主的憲法の制定をもとめるのとは正反対であり、ここに西光の思想の特異性をみることができる。

解放運動など
と「医道生々」

西光は一九三三（昭和八）年に出獄して以来、全国水平社総本部とはほとんど断絶していた。一九四六年二月、京都で結成された部落解放全国委員会結成の大会は戦後における部落解放運動の出発点であった。このとき西光が招かれなかったのもこうした関係からであろう。だが、全国委員会はかつて敵対した融和運動の幹部もふくめて組織されており、広く大同団結がはかられたのであり、同年一二月、東京で開かれた第二回大会では水平社創立の長老ということで西光は阪本清一郎らとともに顧問にえらばれた。とはいえ、名誉職であり、全国委員会の運動には積極的なかかわりを持たなかった。

一九四八年には、旧知の米田富の懇請を受けて、和歌山県会議員補欠選挙に立候補した日本社会党の森岡辰男の応援演説にかけつけた。捕鯨のまち太地《たいち》町では「電気の光で魚を集めて大量に捕獲する話や太地の捕鯨の歴史まで話」をして候補者を驚かした。これが機縁となって西光は社会党和歌山県連の顧問となった。

この時期、西光は主として西井坂を中心に活動をしていた。一九四九年四月一七日には戯曲「医道生々」を完成している。この戯曲は同年七月「紀の国の田舎医者――華岡青洲《はなおかせいしゅう》伝」として和歌山市の素人劇団みかん座によって公演されたのをはじめ、和歌山医大の学生によって上演された。西光は世界ではじめて手術に麻沸散とよぶ麻酔薬をもちいて成功した青洲につよい関心をもち、『瑞穂の日記』でもふれていたが、西光の蔵書のなかにある呉秀三の『華岡青洲先生及外科』（一九二三年）が参照されたと考えられる。西光はこの作品について「青洲先生は紀州上名手の人で東洋医学も西洋医学も研究して、英米の医師たちより四十数年も早く麻酔薬で無痛手術をなさった人です。その人体実験で奥様の視神経が回復せず盲人になられましたが、その実験が役立ってついに完全に回復する麻酔による無痛手術に成功された事を戯曲にしたものです」（『幕のうちそと――故倉橋仙太郎の思い出集』一九六七年）と述べているが、その通り青洲の努力と母、妻の協力を劇化したものであった。

美寿子によれば、これだけの偉業をなしとげた青洲について和歌山では全く知られていないことを慨嘆して、普及をはかるために戯曲にしたのがはじまりだという。科学、技術はすべて欧米のものであって日本は取るに足りない後進国だという見方がつよい占領下の時期に、西光は、日本、いや紀州の片田舎にも世界に誇るべき人物がいたことを演劇によって知らせようとした。

のちに西光は倉橋仙太郎にともなわれて新国劇の辰巳柳太郎、島田省吾らをたずねて上演について相談し、劇作家の北条秀司から島田を主人公として劇化したいので少し手を加えるようにとの助言をうけた。だが、西光によれば「当時、『和栄隊』の事が何うにも気になって、ついに戯曲の方はそのままになってしま」ったのであった。

インドへの憧れ――アヒムサ

西光のインドに対する関心は一九四二（昭和一七）年に穂積五一らのインド独立運動支援の動きのなかでつよめられていた。さらに戦後になって、戦時下の論文でもふれていたマハトマ＝ガンジーのアヒムサ（非暴力）の主張が西光をつよくひきつけた。

一九四九年末から五〇年にかけて、西光はインドに関係する文章を発表し、戯曲を書いている。ことに一九五〇（昭和二五）年一二月に書き上げた戯曲「不戦菩薩衆――我れら戦わず」の冒頭においたガンジーの言葉「世界は、あまりにもヒムサ（殺生）に充ちている。しかし、人間の道はヒムサではなくて、アヒムサ（不殺生）である」はその核心であった。当時、朝鮮戦争のまっただなかではげしい攻防戦で朝鮮半島は焦土と化しており、日本はアメリカ軍の基地となっただけでなく、いわゆる特需景気にわきかえっていた。

この作品はかつて戯曲「毗瑠璃王」においてビルリ王が攻め込み、滅亡させたシャカ国を舞台としている。シャカ国王マハーマーナが戦闘にさいして「敵軍の一人をも殺さず、死よりも強くアヒムサ（不殺生）を守る」ことを宣言したことからはじまるが、結局、シャカ国の民衆、兵士はつぎつぎにビルリ王の軍勢におそわれて殺され、マハーマーナ王がみずから犠牲となるところで終わる。未完の作品だが、アヒムサで示される「人間の道」を劇化しようとするものであった。

これよりさき、西光は部落問題研究所の発行する雑誌『部落問題』（後に『部落』と改題）の一九五〇年一、二月号に「ビルリ王と糞掃夫バッカ」を連載していた。この文章において西光は戯曲「毗瑠璃王」の改作をすすめていると述べつつ、賤民の血をひくビルリ王が仏陀の予言で死んだのではなく、国内の「ブラーマンやクシャトリア階級（ともにインドの上層カースト）の陰謀によって暗殺されたのだと思う」ところから、「自国のスードラ階級（インドの被差別カースト）の解放を企図するビルリ王を、依然として搾圧的な特権的地位を維持しようとする上層階級の政治的陰謀団によって暗殺される場面を描いている」と記していた。政治ないしは階級闘争の図式にのっとって改作がこころみられていた。だが「不戦菩薩衆――我れら戦わず」はビルリ王を扱いながら、マハーマーナ王を中心にすえた、全くことなった作品としてできあがっていった。この大きな転換の社会的背景は朝鮮戦争だと考えられるが、晩年の西光が全力を傾けた「和栄隊」の構想のはじまりをここにうかがうことができる。

「ビルリ王と糞掃夫バッカ」の後半でバッカについて述べているところではバッカがひきつけられたガンジーの言葉として「もし、私が再生することがあったとすれば願わくば触れるべからず《アンタッチャブル》

(不可触民) に生まれ変って、彼らの悲哀と苦悩と社会の敵意を知り、そして私のそれと同じように、彼らの憐むべき状態を、自由にしたいと念願するものであります」があげられている。そして、アヒムサへの一歩であろう、差別・賤視に反対する運動が「目的のためと称して強制力や暴力を絶対に使わないで下さい。平和なる勧誘——これのみが唯一の手段であります」が引かれている。

西光はしばしばネルー首相に書簡をおくっているのも、ガンジーの遺志が受け継がれているとみたからであった。一九五〇年九月の書簡では「もしもインドが剣の道をとるとすれば、一時的勝利は得られるかもしれぬ。しかしその時インドは私の心の誇りではなくなってしまう」といい「私はインドは、世界を救う使命があるとどこまでも信じている」と述べたガンジーの言葉に共鳴している気持ちを伝え、インドの独立は「無数の過去と現在の有名無名の衆生の、アヒムサの善業によって成就されたものであろう」と賞賛した。そして「私たちの貴国と貴方の平和への努力と打ち消し難い期待の思いに変りはない」と記したのであった。

一九五五年はじめ、西光は倉橋仙太郎の創造プロダクションの依頼で、シナリオ「愛欲法難——親鸞伝」を書き上げたことがあったが、その事情について友人の穂積五一に「もし映画になればインド行の費用ができるというので、フラフラになりながら書きました」と知らせている。それほど西光のインドへの憧れはつよかった。

不戦国家への道
――サチアグラハ

西光がインドとネルー首相に「期待」を寄せるだけでなく、日本が不戦国家として確実に歩むよう決意を表明したのはその後間もなくである。一九五一（昭和二六）年一〇月、部落解放全国委員会の第七回大会が開かれたが、西光は、この大会にネルー首相あてのメッセージを提出し、その決議を得て「日本の封建的被差別部落民」の名で送った。そのなかで、「種姓差別の陋習《ろうしゅう》」つまりカーストによる差別がつよいことがインドに「既に古代に於て今もなお世界に比を見ない程の高い哲学を生み、また幾度も世界史上にも稀れな、輝かしい王国を創《つく》り乍《なが》ら、最近まで英帝国の阿片《あへん》と機銃による搾圧統治」を可能にしたと述べるとともに、部落民もまた「インド的種姓差別の受難者であ」って「そのことをインドのために深く悲しむと共に、殊に不幸なハリジャンのために、烈しい憤りを禁じえませんでした」と述べた。そして「永い間不可触民として賤視されてきたパーリアたちを、ハリジャンと呼んで、その解放に努めてくれた」ことにおいてガンジーを追慕していると告げた。ここでパーリアとは「賤民」、ハリジャンとは「神の子」である。

さらに不可触民制の廃止をうたったインド国憲法について「ビムラオ＝アムベドガルを委員長として起草され、議会で可決された共和国憲法の第一一条でさえインドに与えたマハトマ（ガンジー）の遺言のように想われます」という。しかも「インドの差別問題をただ法律を制定しただけで解決される程、容易なものではなかろうと思います」とつけ加えるのをわすれなかった。西光はアムベドガルが賤民の出であることを知っていたが、ガンジーとはきびしく対立していたという事実についても明らかでなく、ガンジーに深く傾倒していたのであった。

このメッセージのなかで西光は「今日の国際情勢の下では、世界で最初の、そして唯一の不戦国家である日本の行くべき道、不戦による平和世界への道はかつての貴国のサチアグラハによる独立の道に通じるものです。しかも、この日本で、今なお身分的差別をうけている私たちは、この国での、平和世界へのサチアグラハの行進の先頭に立ちたいとさえ想っています」と述べた（「印度解放の父ネルー首相におくる」『部落』二五・二六合併号）。サチアグラハとはガンジーのはじめた非暴力不服従運動であるが、西光は部落民の活動として不戦国家の実現のためにその運動を日本で実践しようとしたのであった。とはいえ、部落解放全国委員会は大会でこのメッセージを決議したもののほとんど誰も関心をもたず、機関紙の『解放新聞』にも大会の決議集にもこの事実の記録は見当らない。

山背王物語と戯曲「法隆寺」

西光は不戦の理想をインドにもとめただけではなかった。一九五一年七月、小説『山背王物語』を阪本清一郎を発行人として自費出版し、同年戯曲「法隆寺」をつくったのも、この理想が聖徳太子の死後、後継者だった山背大兄王《やましろおおえ》が蘇我入鹿《そがのいるか》によって攻撃されたが、反撃することなく太子の教えにしたがって法隆寺において一族ともども自殺をとげた伝承にあらわれているとみたからであった。

戯曲「法隆寺」では、山背大兄王はいったん退いて闘うことをすすめる忠告を聞かずに滅亡の道をえらぶが、その理由は、闘って勝利したところで、戦争によって多くの死傷者を出すのは「入鹿の罪悪以上」の結果しか生まないと考えたからであった。しかも、その勝利によって人々は戦争が不可避だと信ずるようになる。つまり「私の戦いは世人からあたかも善であるかの如く見習われて、その大きな悪が反省されぬ」ことになってしまう。こう考える山背大兄王は「私はこの際、自ら太子の血統を絶ってでも、太子の理想（「和をもって貴しと為す」）をいかさねばと思っている」と述べ、つよく生きることを望んだ一五歳の娘を殺《あや》めてまで一族ことごとくが法隆寺にある塔のなかで死んだのであった。

戯曲では、のちに入鹿をほろぼした中大兄王《なかのおおえ》が登場して山背大兄王と問答する場面で西光の不戦の思想をクローズ・アップさせている。

中「しかし、古来剣による無法な侵略者に対して、剣によらずして国を守り得た例が、あったでしょうか」。山「果たして、そうであろうか」。中「それは、極めて稀有の事です。古来、無法な侵略者を、反って法によって同化した例が無かったであろうか。およそ、より強い剣のみが、国を守り得るのです」。山「そうであろうか。およそ、より強い剣を持って、ついに自ら侵略者にならなかった国こそ稀であり、更に、剣によって守られるものを、果たして、平和、といえるであろうか」。そして中大兄王の「では平和は何によって守られるのです」の問いに山背大兄王は「山背よ。──より強い剣ではない。より高い法による、平和への精進によって」と答え、「私は、常に剣を磨いて他国の侵略に備えるよりも、常に法を磨いて、進んで他国の交わりを厚くしたい」と述べるのである。

西光は「法」すなわち、最高の道理による国と国との関係づくりをめざした。その「法」とは日本国憲法であった。『山背王物語』の末尾につけられた詩は「この不戦憲法こそ　平和世界を建設するための、大切な基準　世界でもっとも純粋な色　もっとも正確な波長の光です」という一節で終わっている。

小説『山背王物語』は戯曲の原型といってよいが、端正な文章で子供にも読めるようにわかりやすく書かれている。ほぼ同じ内容なので紹介しないが、これを出版したいきさつはこうであった。当時、西光がしばしば訪れた柏原の西光寺の檀家たちの間に、住職に新しく法衣を買い調えようという意見が高まった。これを聞いた西光は「それよりも、この際山背王物語の小冊子を作ろうではないか」と提案、その費用で出版したのであった。そして檀家の人々に「ご親縁方の年忌法事のご供養代りに、これを、お心当りの方々へ、贈呈してもらうこと」にしたのであった。西光はこのことを記した「あとがき」に、親鸞の聖徳太子をたたえる和讃「上宮皇子（聖徳太子のこと）方便し、和国の有情をあわれみて如来の悲願を弘宣せり、慶喜奉讃《けいきほうさん》せしむべし」をあげ、さらに自ら「聖徳王のお訓《おし》えを山背王ぞつがれけり、必勝の戦もさけるべく、一族ともに逝きたもう」を付け加えて讃仰《さんぎょう》するようもとめたのであった。

和栄政策の実現をめざして

世界平和のために

当時、平和運動は一九五〇年三月、世界平和擁護大会常任委員第三回総会で採択された原子兵器の絶対禁止を要求するストックホルム・アピールの署名運動としてすすめられ、日本でも日本平和擁護委員会が組織され署名活動が各地で取り組まれた。この署名運動は講和条約をまえにアメリカが中国やソ連を除外してすすめている単独講和に反対して、全参戦国との講和をもとめる全面講和運動とむすびつけられて、大きくひろがった。

だが、西光はこの運動とは関係なく、全く別個に不戦国家の実現をめざした。一九五一年四月発行の雑誌『部落』に西光は、ひさしぶりにロマン＝ローランの「アウギウスト・フォーレルを読みて」を引用して「戦争放棄――蟻と人間」というエッセイをのせたが、その末尾につけられたつぎのアピールがその最初であった。

祖国日本と世界の危機に際して
親愛なる部落同胞に訴える
祖国防衛のために百万の戦闘軍をつくるより

世界平和のために百万の奉仕団をつくりたい
　何千億の軍事費用をつかふより
　何千億の平和費用をつかいたい
破壊的な戦闘力で国を守る国防省をつくるより
建設的な協働力で国を守る積極的な平和省をつくりたい
　労資対抗と弾圧政治と暴力革命をさけて
あらゆる生産場における労資の不信と不安の無い
労資共同或は一体化への道を拓《ひ》らき
　より高度な平和的生産組織をつくりたい
国際的に物資と友情を結ぶ不戦艦隊をつくり
平和的資源開発の機械化部隊をつくりたい
　そこでかような政策を立ててそれを敢行する政党に
不戦日本の当面政権を担当させたい
そして世界のいかなる国とも戦ふことなく
相共に原子力時代の文化の道を進みたい
これは決して夢ではない
お互がその気になって全力をつくせば

必ず出来る事である
すでに憲法の前文にもあるように
「日本国民は、その国家の名誉にかけて、
全力を挙げてこの崇高な理想と目的の達成
を誓ふ」たはずである
この際切に同胞諸氏の御共鳴を乞ふ

詩の形をとった訴えであるが、西光がその後にすすめる「和栄政策」の構想はすでにこの短い文章のなかにこめられているといってもよい。朝鮮戦争が開始された直後、連合軍最高指令官マッカーサーがそれまでの占領政策を一変して、警察予備隊の創設を日本政府に指示して再軍備を押しつけてきたことに対する危機感がその動機である。アピールのはじめにあげられている「祖国防衛のために百万の戦闘軍をつくる」ことへの反対の意志表示はここからきている。その西光をささえたのは、ほかでもなく「戦争の放棄」をうたった日本国憲法の前文であったが、このアピールが他でもなく部落民にあてたことが注目される。

負担と犠牲を

西光は一九五一年から五六年にかけてパンフレット「不戦日本の自衛」から同じく「四たび不戦日本の自衛について」まで、四回にわたって発行しつづけた。西光の和栄政策はこの四つのパンフレットにつくされているといってよい。なかでも、最初の詩の形をとった「不戦日本の自衛」で構想の基本はすべて述べられているといってよいから、まずはこれによって西光の考えをうかがうことにしたい。

西光はただ日本国憲法が戦争の放棄をきめているから、憲法を遵守すればよいというのではなかった。「諸国民が血相かへて／軍拡の負担に堪へ、局地戦の犠牲を払ってゐる時に／日本国民だけが、ただ不戦憲法を決めただけで／しかも、戦争景気を謳《うた》ひさへし乍《なが》ら／世界の平和を求め、自国の安全を願ふ程／厚顔無恥なことはない」と述べ、憲法に安住している姿勢を拒絶した。それだけでなく、折柄の朝鮮戦争に莫大な利益を得ていることを謳歌しながら、世界平和を説く政治家や学者を「厚顔無恥」ときめつけたのであった。この西光の主張はその後、日本の高度経済成長でしめされるコースに対する予見的な批判でもあった。

サンフランシスコで対日講和条約が結ばれ、あわせて日米安全保障条約が締結された。この条約では日本の防衛は日本の依頼に答えてアメリカがうけもつこととされた。これに対して西光は「人情に変りはない／同じく愛し愛される人々をもつ米国民の／ことに青年たちの生命にかけて／自国を守ってもらう事を考へる前に／何故日本の政府は／自国の国民に、殊に青年たちに訴へて／その生命にかけてでも／不戦日本の理想を貫こうとはしないのか」と指摘した。

日米安全保障条約をアメリカの青年たちの生命にかけて日本を守ってもらう、との見解は西光に独特のものであった。だから憲法にそって生きるとは日本の国民、とりわけ青年の生命にかけて国民は、国家の名誉にかけて　不戦による世界平和の為に　全力を挙げねばならぬ」のだ。

これだけの覚悟をもって「今こそ日本けの「負担と犠牲」を日本が払うことが必要だと主張した。それだけの覚悟をもって「今こそ日本

られないところであった。そのためには諸国民が局地戦にかけている「負担と犠牲」に負けないだ

「不戦日本の理想」を貫くことなのである。これほどにきびしいよびかけは戦後日本には絶えて見

協同組合国家の構想

西光の不戦国家日本の構想はたんに「和栄隊」をどのようにつくるかだけではなかった。「世界平和を望むものは／先ず自国の平和を確保せねばならぬ」という。そのためには「労資抗争と弾圧政治と、暴力革命を避け」ることが必要であり、まずすべての産業職場を「平和と共栄のための職場」、すなわち「和栄職場」をつくりあげることがもとめられる。この「和栄職場」は、その株式の半分を一年以上勤続した従業員が所有し、当然、株主として経営に参加する。既存の職場を「和栄職場」に転換するためには「政府、資本家、従業員の三者同数の委員会で、一定の基準に従って、職場資産の評価を行ひ、三者中に異議があれば、評価裁判で決定し／希望した従業員たちは、評価額の五割を政府の特別金融（それが五割に達せぬ場合は、その分を平和省がもつ）による債券で支払う」とした。したがって、資本家からの株の無償取り上げも、また従業員への株の無理な押しつけも避けることができるという。

西光は五カ年計画で「主要職場の和栄化」をすすめることを提唱した。「その創設維持費にしても／仮に民間企業の主要職場五百社の資産を／再評価最高限で約六千億円として／その方法で既存

職場に特融すると共に／新規職場へも同額をまわしても／元金五年据置きの後十年の分割払いで／新旧株主への貸借金利差額や／その他一切の費用を入れて／国庫負担の年額百億では多過ぎるだろうか／五年後には漸減する」というのである。この「和栄職場」は、「常には労働大衆の生産意欲をにぶらせ／時には烈しい闘争をさえ引起こす　労資間の不信と不安」が渦巻く資本主義的関係でも、また「従来のように労働大衆にとって／資本が、神聖不可侵のタブーであるかのような／それ故に対立の解消せぬ／所謂、労資協調的な産業形態でもないのである。西光は「労資協調的な産業形態を超」えた「より高い、労資一如的な産業形態」でこそ可能だとみた。従業員も株を所有して経営に参加するのである。このとき、西光の念頭には出獄のあと、『街頭新聞』で熱心にとりあげ、自身も参加した産業組合の経験があった。いわば、協同組合による経営を構想したのだ。しかも「和栄職場の全産的組織は／不戦日本の自衛体制に必須の条件であり、不戦日本の平和的諸活動の基礎である」と述べているところからいって、それにとどまらず協同組合的国家をも考えていた。

奉仕隊の編制

西光は協同組合による国家を構想しただけではなかった。「更に進んで諸外国との友誼《ゆうぎ》を厚うする為に／祖国と世界の為の奉仕隊が要《い》る」という。その奉仕隊とは「農産、水産、航空、航海、機械、化学、電気、原子、医学、文芸、等々の／専門的技術を身につけた青年達によってなる／二十一万の現役隊員を／国際的な奉仕勤務」につくことを任務としている。そのためには、これらの技術を習得する「学修隊員」がつねに四九万人を必要とするとみた。

学修期間は中学卒業後七年間とし、現役、学修の両隊員の費用は国費でまかなうとした。このほかに「祖国の要請に応じて奉仕勤務につく数十万の臨時部隊」の組織も考えるのである。一九五一年当時、予算としては総額年に七〇〇億円でまかなえるとみた。

奉仕活動はたんに技術を提供するだけではなかった。西光は「原爆の下の竹槍精神で／世紀の悲喜劇を演じた私たち／科学的水準の低さを想はず想ひあがって真に人間的な高ひ精神を忘れてゐた私たちの／その深い反省から生まれた極めて自然な／そして切実な願い」からだという。戦争のなかで人間らしさを失っていたことへの反省が原点であった。まずは、「前の大戦で荒らした国々」の復興、あるいは「賠償」のためや「世界連邦的機関による資源開発計画」への参加がめざされた。そして奉仕隊が目的とするのは「世界の平和と自国の安全のみ」であって、「もとより勤務報酬を求めない」のである。

危機の意識　「不戦日本の自衛」の末尾には「昭和二六年一〇月一五日」と原稿を書きあげた日付が記されている。さきにみたサンフランシスコ講和条約と日米安保条約が結ばれたのが同年九月であった。六年におよぶアメリカの占領に終止符をうったが、講和条約は中国・ソ連を除外してつくられ、敵視する内容であって再び戦争の危機を招きかねず、憂慮する声はつよかった。西光はそのひとりとしてこのパンフレットをつくった。

「米国も日本に軍備を許すといふ／ソ連も日本に軍備を許すといふ／自衛のために不戦憲法を破

れといふ／日本の自衛のために」。これが、このパンフレットの書き出しであり、西光はこの「当面すべき冷厳な国際的現実」を直視し、ひとりでこの現実に立ち向かったのである。「いかにも、殊にアジアの民は飢えてゐる／中国を赤化したものは、主義ではなくて飢である／原子力を、人間的な愛情と理性で役立ててほしい／米国もソ連も更に考へ直して／それが如何なる名目にせよ／不戦日本に再軍備をさせるより／その憲法の理想を、貫かすべきではないかその方が世界と日本の為である」と書いた。

そして「正義」とか「平和」という言葉がじつは戦争を正当化するためにすぎないことをあらためて述べた。「正義と平和の『偶像』の前に／何《ど》れだけの『人間』を犠牲にすれば気がすむのか／前大戦の二千六百万人では、まだたりないのか……人間を愛するよりも／権力と金力を愛する人々のために／『人類は互に憎み合ふことなしに殺すほど堕落している』と誰かが云った」といい、いま舞踏会に純情な米国とソ連の青年と少女を招いたら「彼等は愛し合ふ代りに殺し合ふだろう」とさえ指摘した。

「世界平和につくす道は／戦闘力による道だけではない／今の世界に必要なのは親和力である」と記した。そして憲法によって戦争を放棄した日本について「いかにも、此ような新国家は、かつて世界に実在しなかった」と評価し、「不戦憲法こそ／原子力時代の人類が／平和世界建設のための、大切な基準／世界で最も純粋な色／最も正確な波長である／不戦憲法は日本だけのものではない」と、先述の『山背王物語』の末尾の言葉をくりかえしたのであった。

「大砲よりバターを」批判　西光は、この「不戦日本の自衛」をくりかえし主張しつつ、問題をふかめていった。ほぼ一年後の一九五二（昭和二七）年九月、「再び不戦日本の自衛について」を発行した。西光が、このパンフレットで新たに取り上げたのは、独立国となったのだから軍備が必要だという再軍備論者に対して、反対を主張するものの多くが「大砲よりバターを」と叫ぶことに対する疑問、いや批判であった。丸木俊・位里夫妻の「原爆の図」をみた子供が、感想文のなかに「私はいくら、ごはんをたべなくても、戦そうには、ぜったい反たいです」と書いていたことに西光は真理を見出した。西光は「再軍備の為に『貧乏人は麦を食え』などという大臣（大蔵大臣池田勇人をさす）も麦めしを食い、大資本家もバターよりもミソをなめるべきです」と説いた。つまり不戦国家をつくりあげるためには倹約につとめ、生活水準をおさえるべきだというのである。「めしより平和」であってはじめて不戦国家としての面目を果たすことができるのであって、そうでなければ「私たちが不戦憲法を口実にして、自分たちだけの生活の安定と向上をはかり、進んで世界の平和に尽くす誠意に欠けているかのように見なされます」という。つまり、その後の日本をおおいつくす経済至上主義とマイ・ホーム主義をはやくも感じ取って警告を発したのである。

西光はこのとき、「私たちは、むしろ『めしより平和』の覚悟を率直に現わすような、積極的な諸政策で、より強く世界の良心に訴え、いわゆる第三勢力の結集に務め、米ソ二大陣営が戦力対立を緩和し、共存の道に向うよう先立たねばならぬと思います」と考え、米ソの平和共存を主張したのである。ネルー・インド首相と周恩来・中国首相が、（1）領土、主権の相互尊重、（2）相互不可侵、(3)内政不干渉、(4)平等と互恵、(5)平和的共存のいわゆる平和五原則を共同声明したのは、一九五四年六月であったから、それに先立つ西光の主張は先駆的であり、また予言的でさえあった。これだけの重要な内容を実現するには「大砲よりバター」といういかにも耳ざわりのよい主張のもつ利己主義では不可能だとみたのだ。

耳にはいりやすい「大砲よりバター」の標語は再軍備反対を主張する政党や団体によってしきりに用いられた。これに疑問をもつ西光はくりかえし、その点を指摘した。ことに一九五六年六月に発表した「四たび不戦日本の自衛について」のなかでは「大砲よりバター」の公式が「再軍備反対運動の盲点」だと述べた。

「従来の我が国の再軍備運動が、多くの尊敬すべき人々によって行われているにもかかわらず、実際にはその国際平和を希求する『誠実』さに遺憾な盲点があった」とし、「それはその運動が、あたかも容易な自国だけの『大砲よりバター』の公式に腰かけて、その『国内的な必要』事のみを強調して、ことに不戦日本としては積極的に為さねばならぬ筈の『国際的な必要』事のあることを感じないような一点でした」というのである。そして「従来の運動は、無軍備の代価として国際平和の為に支払うべき当然の義務を感じないように、対外的な大砲の代りに対内的なバターで容易にすませていたようです」と痛烈な批判を行った。つまり、国内の平和と繁栄だけに目をやって、国際的な活動には知らぬふりをしてきたエゴイズムをあからさまにしたのであった。

和栄隊の構想——新しい希望と勇気を青年に

西光は国際的な技術提供を行う部隊をまず奉仕隊とよんでいたが、やがて一九五三年の「三たび不戦日本の自衛について」では和栄奉仕隊と名づけ、一九五六年の「四たび不戦日本の自衛について」では和栄隊とあらためた。その構想にやや変化がみられるが、しかし基本は変わらなかった。この活動を国策とすれば「全国の学校や農村や工場や漁場や、その他の職場から、まさしく地湧の菩薩のごとく、一せいに若い奉仕隊員が現われるに相違ない」(「三たび不戦日本の自衛について」)と主張した。青年に期待し、そこに菩薩の姿をみた。菩薩とは、大慈悲心をいだいて民衆のなかにとどまって世間に利益をもたらす人をいうが、理想を示すことによって青年の間から無数にあらわれることを信じたのであった。西光はかつての大日本国家社会党の活動のなかでもそうだったが、このときも変わりはなかった。

アジア諸国の生活向上のため資本と技術の援助を行うコロンボ計画がイギリス連邦外相会議で提唱され、はじめは同連邦諸国だけが参加していた。やがて加盟国をひろげ、一九五四年には日本も参加した。西光は「四たび不戦日本の自衛について」でこれを歓迎しながらもアジアに対する従来の政策に対する反省なしに「ただアメリカに代わろうとするならば、やがて相手の諸国からフィリッピンに非難されたアメリカ以上に『アジアの日本』は非難されねばなりますまい」と警告し、さらに日本の「経済外交」が「自国の賠償金や米国のアジア援助資金等を支柱とするだけでは決して誠意ある外交とはいえません」と述べたのであった。まだ、日本経済が復興途上にあって本格的には動いていない時期にあって西光は日本がアジア諸国に対して経済侵略のおそれがあり、トラブルが生じることをつよく憂慮したのであった。

しかも日本政府の「昨年度の援助総額四千万円、今年度（予算請求額による）一億三千万円で、派遣技術者六〇名、受入研修生一〇〇名というのでは『経済外交も進めようがない』わけです」と批判した。西光の構想からいってこんな規模では物足りなかった。むしろ、このときの防衛予算一、四〇六億円のすべてをコロンボ計画協力予算に切り換えて試算すると予算額で一、〇〇〇倍、派遣技術者六万名、受入研修生一〇万名が可能となるとみた。ただし、これでは「安心し切れぬ人々もありましょうから」五カ年計画で実施するとして、年間に和栄隊費として二一六億を組めば派遣技術者九、九六〇名、受入研修生一万六、六〇〇となり、五年後にはそれぞれ約五万名、八万三、〇〇〇名に達するというのである。

コロンボ計画を土台に西光ははじめて具体的な和栄隊の構想をしめしたといってよい。しかも、西光はこの計画をたんなる技術の提供、あるいは習得にとどめなかった。研修生はかならず和栄隊にはいることをもとめた。「それは不戦日本はその外国の青年にただ技術を習得するだけで帰ってもらいたくないからです。すべての国が防衛軍より和栄隊をつくるべきだということを、そして各国の青年たちが互いに防衛の為と言われて、破壊的な戦場で敵対して殺し合うよりも、互いに和栄の為に建設的な職域で協力して、場合によっては生命をかけてでも助け合うべきだと言うことを体得して帰ってほしいからです」という。和栄隊は世界から戦争をなくす組織なのだ。そして西光は、なによりも和栄隊の創設が日本の青年に自信をあたえることを期待した。それこそが「新しい希望と勇気をもって不戦世界の実現の為に、理性の頭を上げ愛情の胸を張って前進することを強く訴える」という。戦後の教育が欠落させてきた、希望と勇気が青年の心に満たされる道を西光は模索し、しめしたのであった。

西光万吉と美寿子夫人　自宅にて

国際連合のなかで

日本が集団安全保障を受けているのに対して応分の貢献が必要であるとの意見に対しては西光は「分相応の赤十字隊をおくればよい、そして、その為に日本の赤十字組織を強化せよ」との意見に「一応もっともなことです」とうなずきつつも反対した。理由は「もしそれが無軍備の日本を戦力で防衛してくれる国々へ支払う代価としてであるならば、それが如何に直接的には非戦闘的な任務であろうとも、外人部隊の傭兵代であることにかわりなく、その日本はもはや不戦国家ではありません」からであった。そうした非常時だけでなく、むしろ「平常時にさえ充分になし得ないような国際的な平和と共存の為の活動を平常時にこそするべき」なのであり、「不戦日本の国民にも、ふだんから戦争をなくする為に時には生命をかけてもせねばならん仕事がある筈」である。不戦と平和はけっして安易に得られるものではない。

日本の国際連合への加盟を前にして、西光は「私たちは日本が不戦国家である限り、やがて国連に入っても国連軍へ軍隊を出すべきではない」といい、「その代りに和栄隊の少なくとも半数は恒常的に国連の国際援助機関に所属させるべきです」と主張する。それだけにはとどまらない。「その誠実な活動と諸外国の理解によって各国の防衛軍も次第に国連和栄軍の一単位として切り替えられ、やがて国連軍を不要とする日の一日も早いことを望」んだのであった。日本のイニシャチブで国連軍が国連和栄軍に転換することを期待した。「およそ人間の世界では破壊的な戦闘力よりも建設的な親和力で、資源開発や社会保障や文化向上の為にする奉仕活動こそ限りなく要求されている筈」というのが西光の考えであった。

日本と世界に

すき間風の家で

西光は和栄政策の構想にふけっていただけではなかった。まず、西光の家にたずねてくる近所の人々に話し、部落解放同盟の大会で語り、日本社会党によびかけた。一九六〇年にケネディ・アメリカ大統領がアメリカの優秀な大学卒業生を発展途上国におくって最低二年間、その国で開発の援助や技術を教える平和部隊をつくろうと公約したと新聞が報道したとき、いつも西光から和栄隊のことを聞かせられている近所の人たちは、早速西光のところへ知らせにきたという。こうしたニュースに敏感に反応するほど、西光は人々に和栄政策について倦《う》まず語っていたのである。

パンフレットはすべて自費で発行した。みかねた和歌山市芦原の友人たちは一九五七年には西光に絵を描くことをすすめた。画会をつくってその絵を売り、その金を西光の活動のためにカンパするというのだ。カンパがとどき、西光は和栄運動の資金にあてた。だが、このため西光は十二、三枚も描かねばならなくなった。けれども、容易に筆はすすまず、「結局完成したのは二枚です」と美寿子はいう。美寿子はその頃の西光についてこう語っている。

「西光の句に『こたつかかえて、夢は宇宙をかけめぐる』と云うのがありますが、雨が漏り、すき間風の入る陋屋《ろうおく》の、貧しい暮しの中で、毎日宇宙だ、世界だ、人類だと云って、まるで自分の掌の中でもある様に思って、十年も二十年も、続けて来た和栄運動が、一向に盛り上らず、身体が年毎に衰えて行くのを見て、私が心配になり、また絵を描くと云って金を出して頂いた方にも、画を描かないで死んでしまったら、申し訳けないと思い『誰もわかってくれない和栄運動等やめて画を描いたら』と云いますと、『王将は、将棋の駒にさえ命をかけたのだ。私は和栄運動に命をかけているのだ』ときつく叱られ、『画は和栄運動が軌道に乗ったら描く。もう一息だ。私が和栄政策と云っている間は死なないよ』と、死の床に臥すまで和栄政策を訴え続けました」(「和栄運動の思い出」)と。

画は描かないのではなかった。一九六〇年頃に西光が描いた画や画稿は数多く自宅に残されている。「蘭陵王」、「武内宿弥」「毀釈」やクレオンで描いた「ざくろ」の小品がある。雅楽「蘭陵王」は「これをもてあそぶに天下太平にして国土ゆたか也」との由来をもつ舞曲であって題材にも西光の願いがこめられている。また「毀釈」は老僧が庭で仏具のようなものを燃やしている画であるが、モデルは西光自身といわれており、言葉にだして語らなかったが仏教ないしは宗教との断絶をしめしたものと考えられる。美寿子によれば、西光は画を描くのが好きで好きでたまらなかったという。いったん描きはじめたら没頭して他のことは忘れてしまう。それでは和栄政策がおろそかになってしまう。このことをおそれて西光は画よりも和栄政策の道に専念したのであった。

一九六一年一一月の末、大阪の朝日会館で「部落と人権問題」の講座が開かれた。大きな風呂敷

「蘭陵王」　絵のなかに慈悲、平和共存、千秋萬歳の文字がみえる。

包みをもった西光が主催者の木村京太郎をたずねた。そこでつぎのような問答がかわされた。「このフトンは、先日、私の病気見舞に来た義妹から送ってくれたものですが、今の私は、フトンよりカネが欲しいので、これを大阪の何方《どなた》かに、買って下さるように、貴方から話してくれませんか」「フトンですか。なるほど。しかし、今すぐ何万かと云われても――。カネはいくら要るのです」「五千円でどうでしょう」。五千円をうけとった西光はフトンをおいて帰るのだが、あとで木村から送り返されてくる。このエピソードは西光自身が記したところであって、木村との友情とともに和栄政策をうったえる西光の生活がどんなものだったかをしのばせてくれる（「木村京太郎と私、最近

「毀　釈」
老僧は西光万吉自身を描いたものといわれる。

のひとこま」『部落』第一四九号、一九六二年六月）。

部落解放同盟大会での決議　一九五五年八月、部落解放全国委員会は運動の大衆化をめざして第一〇回全国大会を開き、部落解放同盟と改称した。西光はこの大会では演壇に立って「国際和栄策」について特別提案を行った。さらに、一九五七年一二月には部落解放同盟第一二回大会には西光の関係の深い奈良・和歌山両県連から「和栄政策の確立要請に関する件」が提出され、可決された。そこでは「私達は、私達だけが解放されようとは想っていません。私達は、原子力時代の人工衛星の下に生きる世界のすべての人々と共に人権を軽んじた永い人類の前史を閉じて、より高い知性と深い愛情にかがやく、真にすべての人々の人権が尊重せられる人類史を開きたいと思います」と宣せられ、「自国日本がその民主的な平和憲法を忠実に守り、再軍備に反対するだけでなく、更に積極的に和栄政策を行うことによって、米ソその他の対立を少しづつでも緩和して、できるだけ順調に諸国の軍縮が進められるように努めたい」と決議されたのであった。西光が起草したこの決議案は満場一致で採択された。

けれども、それだけだった。この頃、マスコミもようやく部落解放運動に関心をもち、その動きを報道しはじめていた。だが、マスコミをふくめて「和栄政策」に注目したものはおらず、全く無視されていた。

一九六一年三月、部落解放同盟は全国水平社創立四〇周年記念大会を京都で開いた。西光は演壇に立った。人々は創立宣言について語るのを期待した。しかし、予想とちがって西光は「不戦国家としての自国の安全保障と世界の恒久平和のための、科学技術等による奉仕政策」としての「和栄政策」について情熱をこめて説いたのであった。

「軍備より福祉」批判

一九六〇年、日米安全保障条約の改訂をめぐって国論は二分し、条約に反対する大衆行動は津々浦々にひろがった。だが、西光はこの政治闘争にはさほど心を動かさなかった。和栄隊を実現し、国連そのものの性格をかえ、不戦日本を不戦世界にまでひろげる課題のほうがさらに重く、緊急だと考えたからであった。

部落解放同盟第12回大会で和栄政策を訴える西光万吉

それに安保反対をとなえる側の「ロッキードより住宅を」のスローガンにみられるような「軍備より福祉」をもとめる主張に自分たちだけがしあわせであればよいという腐臭をはなったエゴイズムを敏感にみた。「今なお、重い軍備負担に堪えている諸国民の公正と信義に依存しながら、私たちが、気楽に、安易な自国だけの『軍備より福祉』で、恐怖と欠乏から免れようとしても、きびしい国際政治の現実は、容易にそれに応じないでしょう」（「不戦国民の公正と信義について」一九五九年六月）というのである。西光は反戦平和の主張を日本のなかだけでなく、ひろく国際政治のなかでとらえ批判した。かつての「大砲よりバター」批判の再現であった。

そして、その「気楽さ」が「あたかも、軍備予算の切りかえ以外に、福祉予算増額の財源がないかのように、新財源の活用を怠」って政治的怠慢をゆるす結果をうみ、また「対外的な軍備予算の切りかえ」によって「対外的な和栄予算」をつくり出し、国際平和と共栄に役立てる努力をむしばんでいると批判した。さらにこの自国のことだけしか考えない「気楽さ」が世界に目をひろげることを妨げ、ほんとうの福祉増進が「積極的な和栄策による国際緊張の緩和」によって達成することを重視しないで終わってしまう。西光は、こうした「気楽さ」に安住しているのは「戦争の罪悪に対して、ことに不戦国民として健康的であるべき私たちの人道的感受性が、今なお戦争の非戦時悪によって鈍らせられている証拠」だと弾劾してやまなかった。「戦争の非戦時悪」とは戦争のないときにノホホンとしてその日をすごし、戦争を積極的になくすために努力しようとしないことを指している。西光はおだやかだがきびしく日本人の懶惰《らいだ》ぶりをついたのであった。

和栄政策の国際化

西光は和栄政策を日本だけでなく全世界のものにしようと夢みた。一九五九年には国連総会で日本代表が日本国憲法をくばり、「私たちは、無軍備の不戦国家の重要国策として、国際平和と共存の為に、科学技術などによる奉仕運動を、積極的に進めたいと思っています」と述べ、「不戦憲法を正直に守る日本国民を代表して」「憲法の前文で＝日本国民は、国家の名誉にかけ全力をあげて＝その理想とする不戦世界を実現すると＝誓う＝てい」ることを強調する場面を描いている（「不戦国民の公正と信義について」）。国連総会での演説はその後もしばしば西光が場面として設定するが、西光自身がその場に立ち、和栄政策をうったえることを夢みたにちがいなかった。

かつて西光は日本神話に出てくる金鵄を「大和建国の理想の表徴」とみた。このとき西光はこの主張をよみがえらせていた。「金鵄こそ、太陽崇拝と関連する高天原における、原始的ゲマインシャフトの政治的レーザーであったはずです。ある意味では、民主日本の不戦憲法こそ、恒久の平和世界に役立つ原子力時代の金鵄ではないでしょうか」（「国連による和栄安保をのぞむ」一九六二年）というのである。

一九六二年には西光は国際関係における和栄政策についてしきりにペンをはしらせた。「不戦日本の『国際和栄政策』について」はそのひとつであり、主張を代表するものといってよい。この論文では、最初に幣原《しではら》喜重郎首相、マッカーサー元帥の言葉、軍縮条約草案や終戦の詔勅を引きながら持論を展開している。このスタイルは以後、西光が多用するところだが、おそらく和栄政策がいわば反体制の側の主張にとどまらず、体制の頂点にあるものたちも認めざるを得ないことをしめすためだったと考えられる。

そこでは「日本は戦争放棄の大旆《たいはい》をかかげて国際社会の原野に進まんとするものであります」という一九四六年三月の幣原首相の枢密院会議での発言、そしてマッカーサー元帥の朝鮮戦争下での「幣原君は一切の戦力を放棄すると言われたが、私はそれは五十年早過ぎるではないかという気がしたという」という言葉と同じく同元帥の「(戦争の廃止は)もはや、哲学者や宗教家だけが考える倫理問題ではなく大衆が生死の問題として決定しなければならない重要問題となった」という一九六一年フィリピン上下両院合同会議で行った演説の一節が引かれ、その翌年国連軍縮委員会が発表した完全軍縮草案のなかの「戦争はもはや国際紛争を解決する手段となり得ず、人間社会の生活から永久に追放されなければならないと確信する。現代ならびに今後の世代を戦争の根元と軍備競争の危険から解放すべきであると決意した」を引用している。すべて、ものごとがうつろい行き、忘れ去ってしまいがちな時代の風潮に抗して、戦争を避け、平和をもとめた証言をあたかも歴史家のようにしっかりと記憶し、書きとどめたのであった。

ここでは西光は敗戦による大転換を「史上空前の原爆戦禍を機縁として『万世の為に太平を開かんと欲す』と明記せられた終戦詔勅によって、君主日本は軍備を解き、『恒久の平和を念願し』た不戦憲法を、制定して、民主日本は再軍備を禁じました」と述べている。この憲法は「全面的に軍備を撤去し、すべての戦争を否認することを規定した憲法」であって、「国連が高度化せられて『世界連邦の形における国際国家が成立すれば、各国は改正案第九条の規定している武装なき国家となる』」ことを予期したものであった。

しかし、実際のあゆみはこれに反して一九六〇年にはアメリカとの安保条約を結んで軍備を強化し、「不戦憲法は国家固有の防衛権を否定するものであるから」といって廃棄すべきだという意見がでてきている。西光はこの現状はたんに政府が再軍備をすすめただけでなく反対運動もまた「『国家の名誉にかけ全力を挙げて』恒久の平和を念願する不戦憲法の理想の実現に努め」てこなかったことにもとめる。そして、この状況に抗して単身でそのための政策をしめそうとした。

一九六二年一一月の論文「国連による和栄安保をのぞむ」もそうであった。

西光はこのなかで、まずアメリカがいよいよ軍部と産業の結合をつよめて「戦争国家」体制をつよめ、日本でも三井、三菱などの巨大企業や統合幕僚本部がこれにすりよって核武装をはかっている事実をくわしく記し「かつて広島や長崎のことも忘れたかのように、それを機縁とする終戦詔書も不戦憲法もよそごとのように、米国の『戦争国家』勢力に追従して、原子兵器や光線兵器までつくろうとするのは、果たして日本民族として正道でしょうか」と非難した。西光がここで説いたのは、「自国の国際和栄政策を確立し推進す」ることであり、さらに不戦国家と戦争国家の矛盾を認識して日本とアメリカの間に結ばれている軍事同盟を解消することを提唱したのであった。

老人の童話

一九六五（昭和四〇）年一〇月、阪本清一郎、木村京太郎はかつての全国水平社の活動家に「時には一堂に会して、過去の体験を語り合い、手を携え部落解放をめざして、直接間接に微力を捧げたい」とよびかけ、荊冠友の会を結成した。西光は七〇歳、よろこんで参加した。それだけではなかった。木村の尽力で月刊の機関紙『荊冠の友』（創刊号から第五号までは『荊冠』）が発行されたが、西光は一九六七年九月発行の第一五号から亡くなった年である一九七〇年一月発行の第四三号までほとんど毎号、二八回にわたって「老人の童話について」と題して和栄政策を掲載した。いわば晩年の西光には部落解放運動とのかかわりのなかで自説を展開することとなったのである。

西光はここでも昔語りを好まなかった。『荊冠』第二号（一九六六年八月一日）には「自衛隊を和栄隊に――皆さんへのお願い」を掲載したが、その書き出しは「皆様と共に水平運動をはじめてから、もはや四十数年になりますが、お互いに歳をとり私も七十余才になりましたが、まだ皆様にお願いがあるのです。もう一度皆様に四十数年前のお気持ちで、共に運動していただきたいのです。その運動は『対外的自衛隊を対外的和栄隊』に改める運動です」であった。「まだ」という副詞ひとつにはじらいと自負がこめられていた。西光は古稀をこえてなお現役なのであった。

じつは西光はその数カ月まえの六六年四月末、心臓発作におそわれたことがあった。西光自身、「昨年四月の終り頃、私が夜中に心臓病のきつい発作で、医師二人にきてもろうた事がありました。医師も、もうダメかと思ったそうです。そして奈良県の親るいへ危篤の知らせも出されました。ところが翌朝はケロリと良くなりました。勿ろん医師から『安静にせよ』といわれていますので、一人で寝ていました。すると、まだ午前中に『和歌山で聞いた』といって、松本さんが見舞においで下さいました」(「松本さんの思い出」『荊冠の友』第八号、一九六七年二月一日)と書いている。松本さんとは戦前から部落解放運動の先頭に立ってきた当時部落解放同盟委員長の松本治一郎であった。その松本は思いも寄らず、この年一一月二二日に死去している。西光はつづけて「毎日のように軽い発作のある半病人の私が、まだ生き残っているのですから不思議な夢のような気がします。松本さんと私とは、その運動路線がいつも同じであったとはいえません。しかし、いつどこで会うても明るい笑顔でむかえて下さいました」と書いた。旧友を懐かしむ心情をよくうかがえる。西光がその旧友たちに自衛隊を和栄隊に改める運動への参加をよびかけたのは、現役とはいえ「毎日のように軽い(心臓)発作」のおこるなかであった。

「老人の童話について」は西光の自説を、おもに和歌山で読むことのできた新聞や雑誌などに掲載された戦争と平和についてのさまざまな人たちの言葉を引きながらエッセイの形をとって記されている。したがって、要約はし難いといってよく、ここではこれまでに見てきた西光の主張にないもののみに限って取り上げることとしたい。

エコノミック・アニマル批判

西光が心配していたことが、すでに一九六〇年代の後半には表立ってきた。高度経済成長の道をまっしぐらにすすむ日本人に対してエコノミック・アニマルという情ないレッテルがはられるようになったのである。マスコミがこのことを大きく取り上げたのは一九六九年であり、岩波書店発行の『近代日本総合年表第二版』にもこの年の流行語のひとつとしてあげられている。

しかし西光はこれよりはやく一九六七年九月にはじめて掲載した「老人の童話について」第一回のなかでこの問題にふれた。ベトナム戦争のさなかであった。西光はカムラン湾のアメリカの輸送船で働いていた日本人が米軍の陸戦隊員につきとばされて「今は朝鮮人だって戦っているのだ、だのに、お前らジャップはカネもうけばかり。卑怯な奴らだ」と罵倒された『朝日新聞』(五月一日)の記事を紹介して「いかにもありそうな事です」と記し、「さきには朝鮮戦争で、今またベトナム戦争で、カネをもうけるだけでなく、日米安保を利用できるだけ利用して、世界的に『経済動物』の特性を最大限に発揮しているのです」と批判した。「日本人は『経済動物』であるというような言葉さえ、アジア・アフリカなどの開発途上国の間でつかわれている」とも述べた。

西光は、日本が「国連へ軍隊を出さぬかわりに、国連平和開発事業に対して、どれだけ誠意をも

松本治一郎(左)と西光万吉

って協力しているか」を問い、なにもしないで平和のなかに寝そべっていて肥え太っている日本であることに注意をうながしたのであった。繁栄を謳歌して太平楽をきめこんでいる大多数の日本人よりも、西光は「二十余年の平和と戦前以上の生活水準に達しながら、今なお憲法第九条を理由にして、平和の代償を吝《おし》み、独立国家として当然の自衛軍さえ軽視するとは何事かと思っている」再軍備論者に理解をしめすのである。ただし、西光自身の思いはそれとは全く逆の方向である「不戦憲法」を基準として、負担と犠牲をおそれず「全人類の理想とする不戦世界」の建設を実現することにあった。

国防観念の再検討——民族の誇り

再軍備論者は日本民族の誇りを強調した。西光は第三次防衛計画によって軍備の増強をはかり、防衛庁を省に昇格させる動きなども「『民族の誇りを取り戻す』ためのお気持ちからであろうと恐察しています」（第三回、一九六七年一一月一日）という。西光はこの主張を頭から否定しなかった。「日本民族であり日本国民の一人として、よりよい日本をつくりたいと思います。そしてその民族的愛国心は、勿ろん全人類への忠誠心と相反するものではなく、この人間世界をよりよくする為の『日本国民の独自の役割り』を果たす事によって生かされねばならんと思っています」というのである。ただ、その方向は再軍備ではなかった。

しかし、いきなり自説をつきつけるのではなく、かつて西光自身が信奉した陸軍省のパンフレット『国防の本義とその強化の提唱』を抜粋してしめしたのである。たとえば「茲《ここ》にいう『たたかい』

は人々相剋《こく》し国々相食《は》む、容赦なき兇兵乃至暴殄《ぼうてん》（の謂《いい》）ではない。その意味のたたかいは覇道、野望を伴う必然の帰結であり、万有に生命を認め、その限りなき生成化育に参じ発展向上に与《あずか》ることを天与の使命と確信する我が日本民族、我が国家の断じてとらぬところである」とか「国防は国家生々発展の基本（的）活力の作用である。従って国家の全活力を最大限に発揚せしむる如く、国家及社会を組織し運営することが国防国家の眼目でなければならぬ」などである。おそらく西光は国防についての最良の主張としてこのパンフレットを取り上げた。にもかかわらず、このようなりっぱな言説に反し、国防を全うすることができないで侵略戦争をすすめ、日本は敗戦をむかえねばならなかった。軍備を整え充実することが決して国を守ることにつながらないことを言外にしめしたのである。敗戦後、人々は戦争協力の事実をかくすことに汲々としていた。陸軍パンフレットは西光にとってはその有力な古証文である。それを、自分から持ち出し、あたかも身を切るようにしめして、国防観念の再検討をもとめ、軍備の無意味さをつきつけたのであった。

西光はしばしば終戦の詔勅や一九四六年の年頭の詔書を引合いに出してくる。前者からは「時運の趨《おもむ》く所、堪《た》え難きを堪え、忍び難きを忍び、以て万世のために太平を開かんと欲す」、後者から「然りと雖も、我国民が現在の試練に直面し、且つ、徹頭徹尾、文明を平和に求むるの決意固く、克《よ》く其の結束を全うせば、独り我国のみならず、全人類の為に、輝かしき前途の展開せらるること疑はず」などを引用するのは、ほかでもなく再軍備論者に対してであった。これらの言葉を引いた西光は「私は熱烈な愛国心で再軍備を肯定なされるお人達にも、なお、御再考を願いたいのです。

今や実に、その熱烈な愛国心を拡充して人類愛の完成に向ひ、献身的努力をいたすべきではないのでしょうか」（第一〇回、一九六八年六月一日）と「徹頭徹尾文明を平和に求める決意を固める」ことを熱心にうったえたのである。

社会党大会での論議

西光の和栄政策を取り上げたのは部落解放同盟だけではなかった。一九六六年の日本社会党大会では同党和歌山県連書記長だった的場鹿五郎が提案している。的場によれば、このとき代議員の大勢をしめていた向坂《さきさか》派はかたくなに非武装中立論にしがみついて的場の話を聞こうとはしなかった。「（和栄政策は）真の意味の積極的平和外交の展開であり、国際的奉仕政策の実践であるにもかかわらず、弥次《やじ》の乱れとぶ中で身を入れた協議もなされず、執行委員会に於て検討との、否決ともつかぬ議長裁断で終るに至った」（的場「西光先生を懐う」）のである。「若い青年党員たちの弥次の交錯する中で、じっとそれに耐えて、最前列の席で私の演説に聴き入って居られた西光先生の姿が、今でも私の瞼に焼きついている」と的場は記している。結局、社会党は平和政策のなかに「和栄軍縮」の四文字をいれることで決着をつけた。しかし、的場が言うとおり「西光先生も一たんは希望の灯をともされたが、党のとり組み方は空疎なものであり、先生を失望させるものであった」のだ。

一九六八年五月、日本社会党の機関紙『社会新報』（五月一二日）にのった「社会党の政策早《は》やわかり」の防衛政策に眼を通していた西光は、「自衛隊を改編縮小し、国民警察隊、平和国土建設隊に転換し」と記された文字に釘づけとなった。西光の主張はやはり無視されている。西光は社会党が日本国憲法を「今日の国際情勢のもとで、いよいよその重要性を増しているこの先進的意義ある憲法」と評価しながら、国際関係のなかに具体的に位置づけていないことを痛感した。これでは「安易にいわゆる国家利益の立場から、消極的に無軍備不戦の憲法として守る」だけであって「積極的な不戦和栄の憲法として、その精神を国際的に活かすこと」からあまりに遠いのである（「老人の童話について」第一〇回）。

社会党はちっぽけな「国家利益」のわくでしか政策を立てていない。西光はスウェーデンが国民総生産の四・六％を国防費に支出しながら、あわせて「技術部隊を含む国連待機軍をつくって、ある程度の国際警察的責務を果してい」ることに注意をうながすのである。スウェーデンが果しているような国際的な責務を日本は日本なりに果たすことが必要であり、「米・中・ソ等三大国の間にある人口の多い土地の狭い貿易を止められぬ島国日本の私たちこそ、武装中立のスウェーデン国民以上にきびしい気持ちで自国の安保と世界和栄について考えねばなりません」と西光はいう。このようにとらえれば、とうてい自衛隊を国土建設隊に改めるということにならないし、国際的な見方を欠いたこの主張はエゴイズムだけがめだつのである。

「日本のように核兵器をもたず、強力な軍事力も持たない国家が、国際社会に於て発言権を確保する道は、あくまで諸国民の公正と信義とに信頼して、その正しいと信ずる主張をつらぬき、世界の世論の同調をかちとるよりほかにはない」という『朝日新聞』（一九六八年五月三日）の「社説」

の一節を引いて、社会党の主張と「対外的自衛隊を対外的和栄隊に改める」という西光の持論のどちらが「世界の世論の同調」を得ることができるかを問い直したのであった。

絶筆　西光は「老人の童話について」第二八回を一九七〇年一月発行の『荊冠の友』第四三号に掲載した。正月号にふさわしく「おめでたい正月まんざい『七〇年代に見たい事』」と題された文章はめずらしく和栄政策ではなく、科学技術による未来像を描いたものであった。西光は科学技術につよい関心をもっており、のこされている西光の蔵書にもこの関係の図書がおどろくほど多い。

百と万のかけあいまんざいの形をとったこの文章でも、たとえば神経単位の接合部であるシナプスの写真をめぐって、

万「見ましたよ。超高圧型でなく走査型の電子顕微鏡で写したシナプスの、小さいキノコのように細い管の先きに小さい丸い物をつけた、その丸い物の厚さが〇・〇一ミリ程度だそうですね」

百「そして、つねられて〝痛い〟などと言う時、この細長い管の中を電流が走り〝結び目〟からアセチルコリンという物質が出て、次の〝結び目〟に伝わり――考えるとへんな気がしませんか、とその記事にもありましたね」

のような問答がかわされるのである。

七四歳の西光が科学の開いていく新しい世界を少年のように追い求めている姿が浮かんでくる。その他、分子生物学の発展によって遺伝現象の物質的解明に成功し、遺伝現象の物質的解明や生命の人工合成も可能となり、その可能性は「人間の肉体ばかりではなく、精神・知能面の改変もふくまれている」という渡辺格慶応大学教授の説を紹介している。科学はたえず未知にむきあう。西光はそこから湯川秀樹博士のいうように、人間のもちうる世界観は「人間の可能性とそのはっきりしない限界に立つ世界観という事になりますね」だと万に述べさせたのであった。

科学技術が社会で果たす力は大きく、大規模産業の進展による富の生産は都留重人教授の説として「労働時間とか、支出された労働の量とかに依存するよりも、むしろ、労働時間中に稼働させられる装置器具に依存するようになる」といい、装置器具の効率は「生産のために必要とされる直接的労働時間とは、何の比例関係を持たず、むしろ、その効率は科学および技術の進歩の所与に依存する」とみた。西光は一九六八年八月、「老人の童話について」第一二回で、「圧力に敏感な半導体。銅をつかい感度百倍。松下電器産業で開発」の報道などを引きながら「科学技術革命時代」が到来していることを紹介していたが、いまや、科学・技術が富を生産する基軸となっていることをあらためて確認したのであった。

西光は科学・技術の発展によって「海水中の莫大な重水素を、その融合的連鎖反応で平和的に利用する」ことを夢み、「高タンパク米が人工日光や温度や湿度の自動調整で、年に三度も五度も作れるように」なり、「各自の住宅を気圧操作で自由に移動できる空気浮動住宅」をつくり、「公害も勿論なくなり、人間は美しい公園の中の便利な住宅で、今年は山地で住んだから来年は海岸で」住むようになることを夢想した。

しかし、ただ科学・技術の発展だけでこのような世界は実現しない。世界科学者連盟の規約前文にある「科学の不当な利用が、ただ不必要な犠牲と荒廃をもたらすだけでなく、科学そのものの進歩を妨げている事」を指摘しているのを忘れなかった。そのためには「人道的反省力ロケット」が必要であるが、このロケットは「その噴射力が強く速いほど、科学技術の発展も速く強く、より高い知性と、より深い愛情に生きる人間世界をつくる為の、精進ができる」内容をもつものであった。科学・技術の発展のためには「時間的にも空間的にも、無限の自然の中に生きる人間としては人道的反省力ロケットで精進」することを欠かせないのである。そして独占資本、寡占資本とよばれる私的大資本を「和栄的資本に改める事」を提言し、日本をふくめて先進国が「国際投資資本」とか「国際企業憲章」とかを問題にするようになってくると指摘した。

そして、西光は、

百「では、皆様。門松や、めでたい旅のステーションで一休みなさったら、どうぞ新しい人道的反省力ロケットで、独占や寡占資本の経済社会から、おめでたい和栄資本の経済社会へ御精進下さいますように」

でこの文章を閉じたのであった。

西光の容態は一九七〇（昭和四五）年にはいって悪化した。正月には食事ものどを通らない日がつづき、一月九日、和歌山市の日赤病院に入院、二月二七日に手術が行われ、ガンが胃から肝臓に転移しているのが判明した。それでも三月一五日、見舞いにおとずれた木村京太郎に気づいた。鼻から酸素吸入、足元から栄養補給を受け、呼吸づかいも荒くなっている西光は、便箋にボールペンでつぎのように書いて木村にわたした。

キムラサン、コノゴロ、ネッシンニカンガエテイルコトガアリマス、ソレハ、ヒブソー中立トセカイボーエキケンショウノコトデス

シャカイトーノ　ケイザイガクシャガタガ、モット、コクサイテキニ、カツドウシテホシイ

（木村さん。この頃、熱心に考えていることがあります。それは、非武装中立と世界貿易憲章のことです。社会党の経済学者方が、もっと国際的に活動してほしい）。

世界貿易憲章とは、西光が最後の「老人の童話について」で述べた経済社会の変革のための政策の一環であり、大きな手術のあとも、ひきつづいて考えつづけていたのである。

まくらもとで、このメッセージを読んだ木村は「西光さんが、瀕死の病床にありながらなおも、世界平和、国際和栄のために心を砕いているのを知って拝みたいような気持ち、その夜は、西光さんの病室から離れなかった」という。再び起たなかった。三月二〇日、西光は死去した。この木村へのカタカナのメッセージが絶筆となった。享年七五歳であった。

あとがき

西光万吉が書き残し、あるいは記録され、もしくは記憶されている西光の思想と行動のいずれもがとても興味深かった。だが、紙数が限られている本書ではそのすべてを取り上げることはできなかった。すでにパソコンに打ち出しながら省いたものも少なからずある。おそらく、本書のように「人と思想」を対象とする評伝をつくるには、すでにまとまった伝記が書き上げられていてそれを土台とすることが望ましい。しかし、はじめに記したように西光には伝記がなく、それを基礎にすることはできなかった。ただ、これに代わるものとして一九九〇年一月に出版された『西光万吉集』(解放出版社刊)につけられた宮崎芳彦氏編の「年譜」はきわめてくわしく、本書原稿を打鍵するにあたって大いに参照させていただいた。記して感謝したい。

とはいえ、「年譜」にあげられている事歴を万遍なく追うというやりかたをとらず、著者の関心にしたがって西光の思想の変遷をとりあげた。したがって、本書は伝記ではなく、あくまでも評伝である。伝記は別にあらためて作成されねばならない。

昨年から今年にかけて、二度、西光終焉の地、和歌山県那賀郡打田町に西光夫人である清原美寿子さんを訪ねた。はじめは大谷大学の「西光萬吉研究会」の泉恵機氏らにつれられて、二度目はひとりで。美寿子さんからはいろいろと思い出を話していただき、また、大事に保存されている西光が描いた絵や蔵書を見せていただいた。美しく老いられた、しかし骨太な美寿子さんのお話しをうかがいながら、戦時から戦後にかけて西光が生活にわずらわされることなく行動することができたのは夫人によってだと感じさせられた。この春、本書が間もなく脱稿するとおしらせしたとき、すこしあらたまって「お気をつけてください。西光は左からはファッショ、右からはアカとよばれておりましたから」と語られたことが印象深かった。この本はまず、美寿子さんに読んでいただきたいと思う。

西光万吉年譜

西暦	年号	年齢	年譜	参考事項
一八九五	明治二八		4・17 奈良県南葛城郡掖上村柏原北方で、西光寺住職の父清原道隆、母コノエの長男として誕生。	日清戦争おわる。
一九〇一	三四	6	4月、掖上尋常小学校に入学。	
〇五	三八	10	4月、御所尋常高等小学校に入学。	日露戦争おわる。
〇九	四二	14	4月、奈良県立畝傍中学校に入学。	
一〇	四三	15	6・23、差別にたえきれず、畝傍中学校を退学。	
一一	四四	16	4・15、京都市の西本願寺の経営する私立平安中学校二学年に編入する。	
一二	四五（大正元）	17	母コノエ死去。 11・13、体操の教師に差別され、平安中学を退学する。その後、京都市内の関西美術院で洋画を学ぶ。	
一三	大正 二	18	春頃、上京する。太平洋画会研究所で中村不折、日本美術院で橋本静水につき絵画を学ぶ。国民美術展覧会、二科展などに入選する。	
一六	五	21	差別により、人生に悲観。上野の図書館で読書にふける。同郷の阪本清一郎の下宿にうつる。	

一九一七	大正六	22	秋、健康にすぐれず、阪本にともなわれて帰郷。	ロシア革命おこる。
一八	七	23	春、郷里の柏原で阪本らと柏原青年共和団をつくり、南洋セレベス島への移住を計画する。しかし、いかに生きるかに悩む。	米騒動おこる。
二〇	九	25	3月、三浦大我に法隆寺で催される聖徳太子一三〇〇年祭の舞楽に誘われる。この年、柏原で阪本・駒井らと部落問題研究会をつくり、年末には日本社会主義同盟に加入する。一方、前年からこの年にかけて、武者小路実篤の「新しい村」に強い関心をよせ、神戸のスラム新川に賀川豊彦をたずね、教えを求める。	日本社会主義同盟結成。
二一	一〇	26	6月、『解放』七月号に載せられた佐野学の「特殊部落民解放論」を読み、自主解放の思想につよく感動し、ただちに早稲田大学に佐野を訪ねる。9月、水平社創立事務所を柏原の駒井喜作の野小屋に設け、水平社の組織活動をはじめる。12月、水平社創立趣意書『よき日の為めに』ができあがり、全国に発送する。	川崎の三菱造船所の争議おこる。
二二	一一	27	1月頃、柏原を離れ、京都に移り、京都ガス会社の	日本農民組合結成。

一九二三	大正一二	28	修理工として働きつつ、水平社の組織化につとめる。 1・7、大阪市立市民館での大日本平等会の準備会に京都の南梅吉と出席し、水平社の趣旨を説く。 2・21、大日本平等会創立・差別撤廃大会を大阪市中之島中央公会堂にて開催。西光も参加し、発言する。 3・3、全国水平社創立大会を京都市岡崎公会堂で開催。執行委員長に南梅吉、西光は執行委員となる。 3・9、柏原の西光寺で水平社趣旨宣伝演説会。西光は阪本・米田らと講演。以後、各地の演説会で活躍。 7・13、全国水平社機関誌『水平』を創刊。西光は「荊の冠」を掲載する。 9・26、『中外日報』に西本願寺連枝大谷尊由の水平運動批判をマルクス主義に依拠して反論し、「業報に喘ぐ」と題して連載する。 3・3、全国水平社第二回大会を京都市岡崎公会堂で開催。壇上に西光の考案した荊冠旗林立。西光	日本共産党結成。 9月、関東大震災おこる。

			は差別事件糾弾で処罰された木村京太郎を称揚し、罰金五〇円に処せられる。	
一九二四	大正一三	29	3・17、奈良県大福で水平社と大日本国粋会とが武力衝突（水国闘争）。西光は国粋会と直接折衝。 4・7、『大阪朝日新聞』、西光が部落問題の上奏文を起草と報じる。 9・1、錦旗革命をはかり、阪本・田中佐武郎とともに上京する。 10・1、『戯曲二篇　毗瑠璃王　浄火』を中外日報社から発刊。印税をさきの罰金の支払いにあてる。 2月、全国水平社青年同盟（ボル派）の機関紙『選民』発行。西光は同紙の編集に協力、青年同盟の活動に力をいれる。 5・1～3、沢田正二郎の新民衆劇団（第二新国劇）、京都の劇場国技館で西光の「天誅組」を上演。 12・1～3、全国水平社府県委員長会議、遠島スパイ事件により、南梅吉の解任などの処分を決定。	
二五	一四	30	1・25、奈良県水平社、西光執筆のリーフレット『小作人は農民組合を作りなさい』を発刊。 2・20、日本農民組合奈良県連合会の創立大会。西	治安維持法、普通選挙法公布。

一九二六	大正一五（昭和元）	31	光は中央執行委員に推される。 9月、柏原を中心に小作争議を指導。 4・3、神武天皇祭を期して、日農奈良県連合会、橿原神宮まで大示威行進。 4月以降、西光、日農福岡県連の再建にあたる。 6・5、労農党奈良県支部連合会創立大会。西光は米田らとともに執行委員に選ばれる。	労働農民党結成。
二七	昭和　二	32	2月、日農第六回大会。西光は中央委員となる。 9月、労農党から奈良県会議員選挙に立候補。九〇五票で落選。 10月初、春日庄次郎のすすめで日本共産党に入党。	金融恐慌。
二八	三	33	2・20、第一回普通選挙による総選挙。労農党から奈良県で立候補するも、八七七九票で次点となる。 3・15、日本共産党に対する大弾圧事件。西光は大阪で逮捕される。	三・一五事件。
二九	四	34	2・1、大阪地方裁判所で三・一五事件の大阪関係者に判決。西光は懲役五年、控訴せず奈良刑務所におくられ、服役。	四・一六事件。 世界大恐慌。
三一	六	36		満州事変勃発。
三二	七	37	この年、「『マツリゴト』についての粗雑な考察」を	五・一五事件。

一九三三	昭和八	38	書き、教務所に提出。 2・11、仮釈放。 6月頃、小林美登利と結婚。大阪府布施町荒川六三八の阪本清一郎宅に住む。 8月頃、柏原北方に移る。西光は画工として身を立てようとし、美登利は保育所に保母としてつとめる。西光は北方区長となり、生活の相談などで多忙をきわめる。 ナチスの有色人種差別に抗議の国民大会を開催するよう全国水平社総本部に申し入れるが受け入れられず。	神兵隊事件。
三四	九	39	7・30、大日本国家社会党奈良県掖上支部結成。 9・10、『街頭新聞』を阪本清一郎・米田富とともに発刊。国社党の準機関紙として論文を掲載。「高次的タカマノハラの展開」を主唱する。 10・10、『街頭新聞』第三号で、陸軍パンフ『国防の本義とその強化の提唱』を積極的に支持する。 11・30～12・1、国社党第一回全国代表者会議。方針に西光の主張がいれられ、党旗を金鵄にあらためる西光案が可決される。	室戸台風。

一九三五	昭和一〇	40	12・20、『街頭新聞』第七号で柏原瓦工組合の活動を報道。 1・10、「高次的タカマノハラを展開する皇道経済の基礎問題」(第八号)で資本主義的所有権を非難する。「漫談 ファッショ西光を葬れ」を同号に掲載。 3・10、美濃部達吉の天皇機関説を欧州憲法学説の直訳的公式主義と攻撃(第一一号)。 3・24、国粋会奈良県本部主催の天皇機関説排撃奈良県民大会。西光は宣言を起草。 7・10、「君臣一如搾取なき高次的タカマノハラを建設せよ」(第一七号)。 7月、柏原瓦工組合製瓦工場を設立、操業を開始。 8月、大和同志会主催の南葛城郡経済更生座談会に出席。掖上村で十ヵ年計画委員会を組織と報告。 9・14、大和同志会の経済更生研究会に出席し、産業組合による部落関係調査などにつき発言。 9月、国社党より奈良県会議員選挙(南葛城郡)に立候補し、一〇九一票で次点。 10・20、「明治維新のスローガンと昭和維新のスロー	天皇機関説、貴族院で攻撃される。美濃部達吉、貴族院議員を辞職。

			ガン」(第二〇号)。『街頭新聞』創刊号から連載の「日本主義雑記」の再録。 12・20、「奉還思想を基礎とする日本的皇産主義」(第二二号)。 12・21、大和経済更生会南葛城郡部会結成。阪本清一郎は会長、西光は理事となる。	
一九三六	昭和一一	41	2・20、皇国農民同盟奈良県支部連合会結成。駒井菊松は会長、西光・米田は幹部として参加。 2・26、二・二六事件直後に上京。旧知の中村至道の紹介で七生会の穂積五一を知る。 5・12、「私産所有権か、皇産分用権か」(第二五号)。 6・20、「魔神ドミニウムを倒せ、日本的皇産分用権」(第二六号)。	二・二六事件。
三七	一二	42	4・30、総選挙に奈良県から国社党候補として立つ。得票八〇三八票にて次点。 7月、名古屋の愛知時計争議を応援中に日中戦争を迎える。 7・21、愛国農民団体協議会・皇農奈良県連合会「北支事変にたいする声明書」を発表。	日中戦争はじまる。 第一次人民戦線事件。

西暦	和暦	年齢	事項	一般事項
一九三八	昭和一三	43	9・20、「金鵄の光なくして真の勝利はない」（第四一号）。 2・5、西光のすすめで橋本欣五郎のひきいる大日本青年党に入党した木村京太郎・中村甚哉・亀本源十郎、『新生運動』を発刊。西光も協力する。 10・20、「政党を解消するもの『惟神』運動の提唱」（第四三号、以下第四五号まで連載）。 この頃、パンフレット『惟神への道』を刊行。 12・10、妻美登利死去。	国家総動員法公布。
三九	一四	44	1月、奈良県会議員補欠選挙で無投票当選。 9月、満州国の視察。 11月、「『わんとうろう』雑記」（『日本論叢』第三巻一一号）。	第二次世界大戦はじまる（～四五）。
四〇	一五	45	2・11、小林美寿子（美登利の妹）と結婚。 8月、穂積五一、月刊『学生・青年運動』を発行。西光は有力な寄稿者となる。東京の至軒寮にいることが多くなる。	大政翼賛会発会。 大日本産業報国会発会。 紀元二千六百年式典を挙行。
四一	一六	46	12・8、太平洋戦争勃発。この日、妻美寿子の実家のある和歌山県那賀郡田中村西井坂に移転する。	全国水平社解消。
四二	一七	47	1月、「ひふみよ談義」（『学生・青年運動』一月号）。	ミッドウェー海戦。

			2月、「選挙法の国体的改正を要請す」(『学生・青年運動』二月号)。 3月、穂積五一らの反現状維持派の純正選挙期成協議会に出席し、至軒寮を代表して演説する。 7月、穂積らの印度独立支援大日本青年同盟に共鳴。 同月、「神に聴く政治運動」(『学生・青年運動』七月号、以下八月号も)。 10月、「孔子の『夢』を思う」(『学生・青年運動』一〇月号)。	
一九四三	昭和一八	48	9月頃、防空緑地の設定を建議。 9～10月、穂積ら皇道翼賛青年連盟員、反東条内閣運動をすすめたとの理由で逮捕される。	ガダルカナル島撤退。
四四	一九	49	1月頃、福岡の三井三池炭坑に勤労報国隊の一員として参加。 8・1、「『金鵄』の勝利」(『翼賛運動』第三九号)。 この頃、和歌山市の軍需工場山東鉄工所で旋盤工として働く。また、柏原では松根油工場で航空機の代用燃料を掘りだした松の根からつくる労働にも従事。	サイパン島陥落。
四五	二〇	50	この年、停戦につき建議する。	沖縄陥落。

			8・15、敗戦。 9・19、故郷柏原掖上小学校前の忠魂碑のもとでピストル自殺をはかろうとするも未遂におわる。 9・28、「偶感雑記」。 秋、農村ユートピアを書きはじめる。	第二次世界大戦終結。 GHQ、五大改革指令。
一九四六	昭和二一	51	5月、友人難波英夫の尽力で『童話　瑞穂の日記』（農村書房）を出版。 12月、部落解放全国委員会第二回緊急大会で顧問に選ばれる。	天皇の人間宣言。 部落解放全国委員会結成。 日本農民組合結成。 総同盟、産別会議結成。
四七	二二	52	11月、「略歴と感想」。	日本国憲法施行。 インド独立。
四八	二三	53	この年、和歌山県議選挙に立候補した日本社会党の森岡辰男を応援。同党和歌山県連顧問となる。	極東軍事裁判おわる。
四九	二四	54	4・17、戯曲「医道生々」完成。 7月、みかん座、戯曲「医道生々」を「紀の国の田舎医者——華岡青洲伝」として和歌山市で公演。	中華人民共和国成立。
五〇	二五	55	1月、「ビルリ王と糞掃夫バッカ」（『部落問題』一月号。二月号にも）。 9・11、インド首相ネルーに非暴力主義を強調した書簡をおくる。	朝鮮戦争おこる（〜五三）。 警察予備隊発足。

一九五一	昭和二六	56	12月、戯曲「不戦菩薩衆——我れら戦わず」。 4月、「祖国日本と世界の危機に際して親愛なる部落同胞に訴える」(『部落』四月号)。 7月、小説『山背王物語』を自費出版する。 10・15、パンフレット「不戦日本の自衛」を発行。不戦憲法は日本だけのものでないと強調。 この年、戯曲「法隆寺」をつくる。	サンフランシスコ講和条約調印。 日米安全保障条約調印。
五二	二七	57	9月、パンフレット「再び不戦日本の自衛について」を発行。「大砲よりバター」説を批判。米ソの平和共存を説く。	警察予備隊を改組し、保安隊発足。
五三	二八	58	8月、パンフレット「三たび不戦日本の自衛について」を発行。国際的に技術奉仕する和栄奉仕隊を構想。	池田・ロバートソン会談(軍備増強をめぐり)。
五四	二九	59		自衛隊発足。 周・ネルー会談で平和五原則を声明。
五五	三〇	60	3・3、シナリオ「愛欲法難——親鸞伝」を脱稿。この原稿料でインド行きを企図。 8月、部落解放同盟(部落解放全国委員会を改称)第一〇回大会で国際和栄策を提案。	日本社会党の統一。保守合同で自由民主党結成。

一九五六	昭和三一	61	6・7、パンフレット「四たび不戦日本の自衛について」。「大砲よりバター」説は自国本位で国際的責務を放棄した主張と批判。和栄奉仕隊を和栄隊とよぶ。	日本、国際連合に加盟。
五七	三二	62	2月、和歌山芦原の友人たち、西光の和栄政策運動の費用のために西光の絵画の頒布会を計画。 12・5～6、部落解放同盟第一二回全国大会で和栄政策をうったえる。	
五八	三三	63		勤務評定闘争。
五九	三四	64	六月、「不戦国民の公正と信義について」で「軍備より福祉」策は自国だけの気楽な策と批判。	安保闘争（～六〇）。
六〇	三五	65		新日米安全保障条約成立。
六一	三六	66	10・14～15、全国水平社創立四〇周年記念祭で、和栄政策をうったえる。	松平国連大使、国連軍参加の必要性を語り問題化する。
六二	三七	67	9月、パンフレット「不戦日本の『国際和栄策』について」。 10月、パンフレット「和栄政策確立について」。 12月、パンフレット「不戦日本の和栄政策について」。	防衛施設庁発足。 キューバ危機。

一九六四	昭和三九	69		米、トンキン湾爆撃。
六五	四〇	70	4月末、心臓発作で倒れる。 10・29~30、坂本の提唱で「荊冠友の会」発足。西光、和栄政策をうったえる。	日韓基本条約調印。
六六	四一	71	老友たちに「自衛隊を和栄隊に——皆さんへのお願い」(『荊冠』第二号)をうったえる。 この年、日本社会党大会で和歌山県連書記長的場鹿五郎が西光の和栄政策を提案する。	
六七	四二	72	4月、日本社会党の自衛隊の国土建設隊への転換策を批判(『荊冠の友』第一〇号)。 9月、『荊冠の友』第一一号に「老人の童話について」第一回を掲載(以後、第四三号まで二八回連載)。	建国記念の日制定。
六八	四三	73	6月、ふたたび日本社会党の自衛隊の国土建設隊への転換策を国際的責務をわすれたものと批判(「老人の童話について」第一〇回)。	米空母の佐世保寄港反対のデモ。 大学紛争広まる。
六九	四四	74	4月、「対外的自国防衛軍か対外的国際和栄隊か」(「老人の童話について」第一九回)。 5月、「不戦和栄の日本国憲法と日本国民の国際的責務」(「老人の童話について」第二〇回)。 12月、「国際和栄隊と国際経済策」(「老人の童話につ	沖縄で祖国復帰要求総決起大会。 日米共同声明(→七二年沖縄返還)。

一九七〇	昭和四五	75	いて」第二七回)。 同月、体調すぐれず。 1・9、和歌山市の日赤病院に入院。 2・27、手術するも、癌が肝臓にまで転移。 3・15、木村に非武装中立と世界貿易憲章について考えているとのメモをわたす。 3・20、死去。

(注) この年譜の作成にあたり、解放出版社刊の『西光万吉集』所載の宮崎芳彦氏作成の「年譜」を参照した。

参考文献

第I章

『水平』第一号（『部落問題資料文献叢書』第三巻第一冊）——世界文庫 一九六九

阪本清一郎「水平社の生れるまで」（『部落』第四三号）——一九五三年六月

西光万吉「略歴と感想」（『西光万吉著作集』第一巻、涛書房、一九七一。『西光万吉集』、解放出版社、一九九〇）

木村京太郎『水平社運動の思い出』下——部落問題研究所 一九七三

「清原一隆三・一五事件予審訊問調書」（『部落問題・水平運動資料集成』第二巻）——三一書房 一九七四

三浦参玄洞「左翼戦争と宗教」（一九三二。『荊冠の友』第五一、五二号所収）——一九七〇年九、一〇月

阪本清一郎「全国水平社五十周年によせて」（『日本史研究』第一二五号）——一九七二年三月

佐野学「特殊部落民解放論」（『解放』一九二一年七月号）——一九二一

西光万吉「よき日のために」（『西光万吉著作集』第一巻）——涛書房 一九七一

「座談会 水平社のうまれるまで」上（『部落』第一三五号）——一九六一年四月

松岡保「『よき日の為に』（水平社創立趣意書）におけるロマン・ローランとゴーリキー」（『関西大学部落問題紀要』第一〇号）——一九八四

ロメン・ロオラン 大杉栄訳『民衆芸術論』——アルス 一九二一

相馬御風『ゴーリキイ』——実業之日本社 一九一五

紫朗（西光万吉）「金穀を脱いで」（『警鐘』一九二一年一二月号）——一九二一

西光寺一（西光万吉）「鐘によせて」（『警鐘』一九二一年一一月号）——一九二一

平野小剣「民族自決団 檄」(『水平運動史の研究』第二巻)——部落問題研究所 一九七一
難波英夫「私の生れ変った日」
福田雅子編『証言・全国水平社』——日本放送出版協会 一九八五
西光万吉「水平社創立宣言」(『西光万吉著作集』第一巻。『西光万吉集』)——前掲
西光万吉「第二回全国水平社大会 よびかけ」(『部落問題・水平運動資料集成』第二巻)——前掲
西光万吉「戯曲 毘瑠璃王」「同 浄火」「同 天誅組」(『西光万吉著作集』第一、二巻)——前掲
西光万吉「農民運動の思い出」(『西光万吉著作集』第一巻)——前掲
『小作人は農民組合を作りなさい——鋤造と鎌作の対話』(奈良県水平社、一九二五。『西光万吉著作集』第一巻)——前掲
農民運動史研究会編「奈良県農民運動史」(『日本農民運動史』)——御茶の水書房 一九七七
清原美寿子編『西光万吉——人間は尊敬すべきものである』(私家版)——一九七一

第II章

紫朗(西光万吉)「解放と改善」(『警鐘』一九二三年一一月号)——一九二三
阪本清一郎「水平社の思い出」(『荆冠の友』第五号。創刊号から五号までは『荆冠』)——一九六六年一一月
幸徳秋水『兆民先生』(『中江兆民全集』別巻)——岩波書店 一九八六
清原美寿子「夫・西光の思い出」(『西光万吉集』)——前掲
西光万吉「『マツリゴト』についての粗雑なる考察——民族国家の家長的主権および私財奉還思想の断片的説明」(『西光万吉著作集』第一巻)——前掲
清原美寿子「姉の思い出」上(『荆冠の友』第五二号)——一九七〇年一〇月

全水解消闘争中央準備委員会編　「水平社運動の批判——全国水平社解消論」（『部落問題・水平運動資料集成』補巻二）　三一書房　一九七八

西光万吉画　「醍醐の花見」「天女の舞」「龍」「鷲」（西光萬吉画集刊行委員会編『西光萬吉の絵と心』）　大阪人権資料館　一九九〇

判沢弘　「右翼運動家——津久井竜雄・穂積五一・石川準十郎」（『共同研究転向』増補改訂版）　平凡社　一九七八

楠本正三　「人間・西光万吉を偲ぶ」（『荊冠の友』第四九号）　一九七〇年七月

西光万吉　「明治維新のスローガンと昭和維新のスローガン」（『街頭新聞』第二〇号、一九三四年一〇月三〇日）、「高次的タカマノハラを展開する皇道経済の基礎問題」（同第八号、一九三五年一月一〇日）、「君臣一如搾取なき高次的タカマノハラを展開せよ」（同第一七号、一九三五年七月一〇日）、「奉還思想を基礎とする日本的皇産主義」（同第二二号、一九三五年三月三〇日）、「日本的皇産分用論」（同第二六号、一九三六年六月三日）——いずれも『西光万吉著作集』第一巻に所収

陸軍省新聞班　『国防の本義とその強化の提唱』（『現代史資料』五）　みすず書房　一九六四

塩崎弘明　「革新運動としての『協同主義』運動」（『年報　近代日本研究5——昭和期の社会運動』）　山川出版社　一九八三

西光万吉　「国家社会主義経済機構の基礎単位として農村に於ける綜合的単一産業組合を展開せよ」（『街頭新聞』第三号付録、一九三四年一〇月一〇日）　一九三四

大日本国家社会主義党奈良県瓦工組合　「聖徳太子をお祭り下さい」（『街頭新聞』第一号、一九三四年九月一〇日）

南葛城郡協同経済更生会　「十一年度改善事業計画に就て県下更生会会員に宛てる」（『街頭新聞』号外、一九三六年八月二日）　一九三六

西光万吉　「国体的農村建設へ——村の二千六百年記念工作について」（『日本論叢』第四巻一号、『西光

万吉著作集』第二巻）——前掲

第Ⅲ章

西光万吉「政党を解消するもの——『惟神』運動の提唱」（『街頭新聞』第四三〜四五号、一九三八年一〇〜一二月。『西光万吉著作集』第一巻）——前掲

西光万吉「『わんとうろうとう』雑記」（『日本論叢』一九三四年一二月号。『西光万吉著作集』第二巻）——前掲

山本政夫「永遠の思想運動家」（『西光万吉著作集』月報三）——一九七四

穂積五一「訓え」（『西光万吉——人間は尊敬すべきものである』）——前掲

毛呂清輝「懐かしい人、西光さん」（『荊冠の友』第四七号、一九七〇年五月。『西光万吉——人間は尊敬すべきものである』）——前掲

葛城和比古（西光万吉）「神に聴く政治運動」（『学生・青年運動』一九四二年七、八月号。『西光万吉著作集』第二巻）——前掲

同右「孔子の『夢』を思う」（『学生・青年運動』一九四三年九、一〇月号。『西光万吉著作集』第二巻）——前掲

同右「祈りの心と科学的態度」（『学生・青年運動』一九四四年、一月号。その他、西光の『学生・青年運動』の主要論文は『西光万吉著作集』第二巻に収録）——前掲

「毛呂清輝等不穏文書臨時取締法違反事件起訴状」（『特高月報』昭和一九年七月分）——一九四三

西光万吉「炭坑勤報隊員の報告（手記）」（『あけぼの』一九四四年六月号。『西光万吉著作集』第二巻）——前掲

西光万吉「詩　台風過ぎ去りて……」（『西光万吉著作集』月報三）——一九七四

山田敬義「故郷柏原北方と西光さん」

第Ⅳ章

西光万吉「偶感雑記」(『西光万吉著作集』第三巻。『西光万吉集』)——前掲

西光万吉『童話　瑞穂の日記——新しい日本の農村の夢』——農村書房　一九四六

(『荊冠の友』第四四・四五号、一九七〇年二、三月所収)

三浦正男「西光先生の思い出」(『荊冠の友』五一号)——一九七〇年九月

西光万吉「『金鵄』の勝利」(『翼賛運動』第三九号、一九四四年八月一日)——一九四四

西光万吉「不戦日本の自衛について」(以後、四集まで)(『西光万吉著作集』第三巻)——前掲

森岡辰男「故西光先生を偲ぶ」(『西光万吉著作集』月報三)——前掲

西光万吉「『天誅組』から『和栄隊』まで」(平野寿美子編『幕のうちそと——故倉橋仙太郎の思い出集』、私家版)——一九六七

西光万吉「戯曲　不戦菩薩衆——我れら戦わず」(『西光万吉著作集』第三巻)——前掲

西光万吉「ビルリ王と糞掃夫バッカ」(『部落問題』第二、三号、一九五〇年一、二月)——一九五〇

西光万吉「インド解放の父・ネール首相におくる」(一九五一年。『西光万吉著作集』第三巻)——前掲

西光万吉『山背王物語』(一九五一年。『西光万吉集』)——前掲

西光万吉「戯曲　法隆寺」(一九五一年。『西光万吉著作集』第三巻)——前掲

西光万吉「祖国日本と世界の危機に際して親愛なる部落同胞に訴える」(『部落』第二一号、一九五一年四月)

清原美寿子「和栄運動の思い出」(『荊冠の友』九〇号、一九七四年三月。『西光万吉集』)——前掲

西光万吉画「蘭陵王」「武内宿弥」「毀釈」「ざくろ」(西光萬吉画集刊行委員会編『西光萬吉の絵と心』)——前掲

西光万吉「最近のひとこま」(『部落』第一四九号、一九六二年六月)——一九六二

部落解放同盟第一二回大会決議「和栄政策の確立要請に関する件」(一九五七年一二月)(部落解放研究所編『部落

解放運動基礎資料集』I）————部落解放研究所　一九八〇
西光万吉「不戦国民の公正と信義について——再軍備反対の諸氏に訴えます」（一九五九年六月。『西光万吉著作集』第三巻）————前掲
西光万吉「国連による和栄安保をのぞむ」（一九六二年一一月。『西光万吉著作集』第三巻）————前掲
西光万吉「不戦日本の『国際和栄政策』について」（一九六二年一二月。『西光万吉著作集』第三巻）————前掲
西光万吉「松本さんの思い出」（『荊冠の友』第八号）————一九六七年二月
西光万吉「『老人の童話』について」第一回（『荊冠の友』第一五号）————一九六七年九月
的場鹿五郎「西光先生を懐う」（西光万吉顕彰基金運営委員会編『平和への巡礼』）————西光万吉顕彰基金運営委員会　一九八五
木村京太郎「ああ西光さん永遠のお別れ！」（『荊冠の友』第四六号）————一九七〇年九月
穂積五一「『西光万吉著作集』の発刊を待つ」（『荊冠の友』第四六号）————一九七〇年九月

さくいん

【人名】＊は作中人物

【事　項】

西光万吉《さいこうまんきち》■人と思想110　　定価はカバーに表示

1992年3月1日　第1刷発行©
2016年4月25日　新装版第1刷発行©

・著　者 ……………………………… 師岡《もろおか》　佑行《すけゆき》
・発行者 ……………………………… 渡部　哲治
・印刷所 ………………………… 広研印刷株式会社
・発行所 ………………………… 株式会社　清水書院

〒102-0072　東京都千代田区飯田橋3-11-6
Tel・03(5213)7151～7
振替口座・00130-3-5283
http://www.shimizushoin.co.jp

検印省略
落丁本・乱丁本は
おとりかえします。

CenturyBooks

Printed in Japan
ISBN978-4-389-42110-6

CenturyBooks

清水書院の〝センチュリーブックス〟発刊のことば

近年の科学技術の発達は、まことに目覚ましいものがあります。月世界への旅行も、近い将来のこととして、夢ではなくなりました。しかし、一方、人間性は疎外され、文化も、商品化されようとしていることも、否定できません。

いま、人間性の回復をはかり、先人の遺した偉大な文化を継承して、高貴な精神の城を守り、明日への創造に資することは、今世紀に生きる私たちの、重大な責務であると信じます。

私たちがここに、「センチュリーブックス」を刊行いたしますのは、人間形成期にある学生・生徒の諸君、職場にある若い世代に精神の糧を提供し、この責任の一端を果たしたいためであります。

ここに読者諸氏の豊かな人間性を讃えつつご愛読を願います。

一九六七年

清水棟六

SHIMIZU SHOIN